외국인을 위한 한국어

한국외국어대학교 한국어문화교육원
CENTER FOR KOREAN LANGUAGE & CULTURE
HANKUK UNIVERSITY OF FOREIGN STUDIES

4

머리말

오늘날의 세계에서는 다른 나라에 대한 관심이 무척 높다. 그만큼 전 세계가 서로 밀접한 관련을 맺고 살기 때문이고 다른 것에 대한 관심이 많기 때문이다. 이럴 때 필요한 것이 다른 나라의 문화 및 사회에 대한 이해이고, 이를 위해서는 그 나라 언어의 습득이 필수적으로 대두된다.

국제 사회에서의 한국의 위상이 높아짐에 따라 최근 한국어를 배우고자 하는 외국인들의 수가 가파르게 증가하고 있다. 한국어 전공학과를 개설하거나 한국어 강좌를 여는 해외 대학들의 수도 증가하고 있으며 이는 우리의 국력 성장을 증명해 주는 또다른 사실이다. 더욱이 요즘은 우리의 기업들도 나름대로의 세계화 전략에 따라 해외 현지에 진출하여 법인을 설립하고 현지인을 채용하여 교육함으로써 한국어와 한국 문화를 세계에 알리는 데 일조하고 있다. 따라서 우리나라가 경제적으로 발전하고 세계에서의 위상이 높아지는 한, 앞으로도 한국어 또는 한국학을 공부하고자 하는 학생들의 증가는 필연적일 것이다.

이러한 시점에서 한국외국어대학교 한국어문화교육원에서 '외국인을 위한 한국어 1'부터 '외국인을 위한 한국어 6'까지 기존 교육과정을 체계적으로 반영한 새로운 교재를 펴내게 된 것은 매우 뜻깊은 일이다. 1993년에 시작한 본교의 한국어교육 프로그램은 그 역사가 길지 않음에도 불구하고 양적 질적으로 괄목할 만한 발전을 하여 마침내 현재의 명실상부한 최고의 한국어교육 기관으로 자리 잡았다. 이러한 시기에 우수한 새 교재가 출판된 것은 그 의미가 남다르다고 할 수 있다. 이 모두는 그동안 교육 현장에서 열심히 한국어를 가르쳐 온 선생님들의 땀과 노력의 결실이라고 해도 과언이 아닐 것이다. 한국어교육에 대한 선생님들의 열정이 녹아 있는 한국어문화교육원의 새 교재는 한국어를 공부하는 학습자들에게 좋은 길잡이가 될 것이다.

끝으로 밤낮없이 고생해주신 교재 집필진과 이 책이 출판될 수 있도록 여러모로 힘써 주신 도서출판 하우 및 학교 관계자 여러분께 감사를 드린다.

2016년 2월 24일

한국외국어대학교 한국어문화교육원장

허 용

교재 구성표

과	주제	말해 봅시다	알아봅시다	들어 봅시다	읽어 봅시다	문화를 배워 봅시다
1						
2	초대와 방문	설날에 떡국을 먹어야 나이를 한 살 더 먹는다지요?	–기는커녕 –느니 차라리 –은/는 셈이다 –는 김에	한국 친구의 집 방문	이사 떡 대신 수건	폐백
3		이왕 한국 결혼식을 볼 거면 제대로 봐야죠	–(으)ㄹ 테니까 이왕 –(으)ㄹ 거면 –만 한 –이/가 없다 –(는)다고 난리이다	한국의 대표적인 축제	일석삼조 주중 결혼식	
4						
5	일상생활	방이 더 컸더라면 좋았을 걸 그랬어요	–는 바람에 –았/었/였더라면 –도록 하다 –더니	기숙사 규칙	편의점의 성장	한국의 다양한 시장
6		인터넷 쇼핑이 얼마나 편리한지 몰라	얼마나 –(으)ㄴ/는지 모르다/알다 –기는 –하다 –았/었/였더니 그나저나	대형마트와 전통시장	일상의 행복한 변화, 스마트 홈 시대	
7						
8	문화 차이	배고파 죽겠어요	–기 마련이다 –스럽다 –더라도 속담	한국인의 정 문화	대인 거리	한국의 방 문화
9		나이는 숫자에 불과하잖아요	–에 불과하다 –던 때가 엊그제 같다 –다더니	여러 나라의 인사법	외국인이 본 한국 문화	
10						
11	전통문화	대보름 음식을 먹는 데 의의가 있지요	–못지않다 –든지 –에 의의가 있다 –아/어/여야 제격이다	명절 증후군	한국의 떡	국악
12		단군이 세운 나라가 바로 고조선이구나!	–에 의하면 –조차 –마저 –삼다	전래 동화 〈흥부와 놀부〉	김장 문화	
13						
14	환경문제	일회용품은 환경 문제의 주범이래요	–치고 –(으)ㄴ 채(로) –거든 동의표현	빈 그릇 운동	자전거 에코 마일리지	녹색 성장

과	주제	말해 봅시다	알아봅시다	들어 봅시다	읽어 봅시다	문화를 배워 봅시다
15		야외 활동을 피하는 게 좋겠어요	–길래 –(는)다든지 –(는)다든지 –는 대로 –기(가) 일쑤이다	지구 온난화로 인한 이상 기후	물 발자국	
16	취미 생활	제가 이래봬도 등산 동호회 회장이에요	–(으)ㄹ 게 뻔하다 –(으)ㄹ 게 뭐 있나요? (비록) –(는)다 해도 이래봬도/그래봬도/저래봬도	혼자 하는 취미와 여럿이 하는 취미	키덜트 문화	한국 여행지
17						
18		도심에서 벗어나 자연을 느낄 수 있을 거예요	–(으)ㄹ 겸해서 –(으)ㄴ 나머지 –아/어/여야 신체관용어구	돈이 되는 취미	전주한옥마을	
19	대학 생활	대학 생활이 여간 재미있지 않대요	이렇게 – 아/어/여서야 (어디) –(는)다면야 –(으)ㄹ 게 없다 여간 –지 않다 통	신입생 후배들에게 해 주는 조언	대학생들의 현실적인 고민	조선시대 교육기관
20						
21		발표를 망치고 말았어요	–아/어/여다가 –(으)ㄴ/는데도 불구하고 –고(야) 말다 –(으)ㄴ/는 게 다 뭐예요?	대학 입학 정보	내가 살 집은 어디에 있나?	
22	대중매체와 대중문화	그 영화가 어떤 내용이길래 그래요?	의문사 + 길래 –곤 하다 사자성어 너 나 할 것 없이	스마트폰 중독	개인 방송 시대 열려	한국의 영화제
23						
24		근거 없는 소문으로 인해서 큰 피해를 입잖아	–(이)나마 –(으)ㄴ/는 듯싶다 –만 못하다 –(으)로 인해서	과장 광고	TV 시청자 비평 - TV속으로	
25	졸업과 사회생활	졸업을 축하해요	–(이)나 다름없다 –만에 –(으)면 좋으련만	다양한 면접 방식	신생 직업, 이색 직업	한국의 기업
26						
27		여러 나라와 관계가 있는 일을 하고자 합니다	–고자 하다 –고도 남다 –듯이	졸업 축사	직장 생활 잘하는 법	

일러두기

- 본 교재는 한국외국어대학교 한국어문화교육원의 중급 한국어 교재로 한국어 의사소통능력 신장에 목적을 두고 만들어진 통합 수업용 교재입니다. 중급 한국어 교재는 '외국인을 위한 한국어 3'과 '외국인을 위한 한국어 4'로 나뉘며 본 교재는 상위 중급 단계에 해당합니다. '외국인을 위한 한국어 4'는 총 27개의 과로 구성되어 있으며 듣기용 MP3가 포함되어 있습니다.

- 본 교재는 전체 9개의 주제에 대해 다루고 있으며 하나의 주제는 각 3개의 과로 구성됩니다. 각 단원은 '주제 도입'(학습목표, 어휘와 표현, 같이 해 봅시다), '말해 봅시다'(본문 및 새어휘), '알아 봅시다'(문법 설명 및 예문), '연습해 봅시다'(말하기 활동), '들어 봅시다'(새어휘, 듣기, 확인문제), '읽어 봅시다'(새어휘, 읽기, 확인문제), '문화를 배워 봅시다'(문화 정보 제공)로 구성되어 있습니다.

- 주제별 첫 번째 과는 해당 주제의 도입부분으로 주제와 관련된 학습자들의 배경지식을 확인함으로써 해당 주제 세 과의 전체적인 이해를 원활히 돕게 합니다. 주제별 두 번째 과와 세 번째 과는 본문, 문법, 연습, 듣기, 읽기로 이루어져 있습니다. 또한 각 주제 마지막에 문화 정보를 제공하는 '문화를 배워 봅시다'가 하나씩 들어가 있습니다.

| 단원 구성 |

도입

단원의 주제를 제시합니다.

그림/사진 자료를 통해 단원의 주제를 알 수 있도록 보여 줍니다.

세 가지 그림/사진 자료를 통해 주제와 관련된 이야기를 끌어냅니다.

학습목표와 단원 구성을 한눈에 볼 수 있게 제시합니다.

본문 대화

그림이나 그래프로 중심 주제를 보여 줍니다.

그림과 관련된 질문을 통해 학생들의 생각을 표현하게 합니다.

주제 관련 새 어휘와 표현을 제시합니다.

학습목표를 실제적인 의사소통에 활용할 수 있도록 합니다.

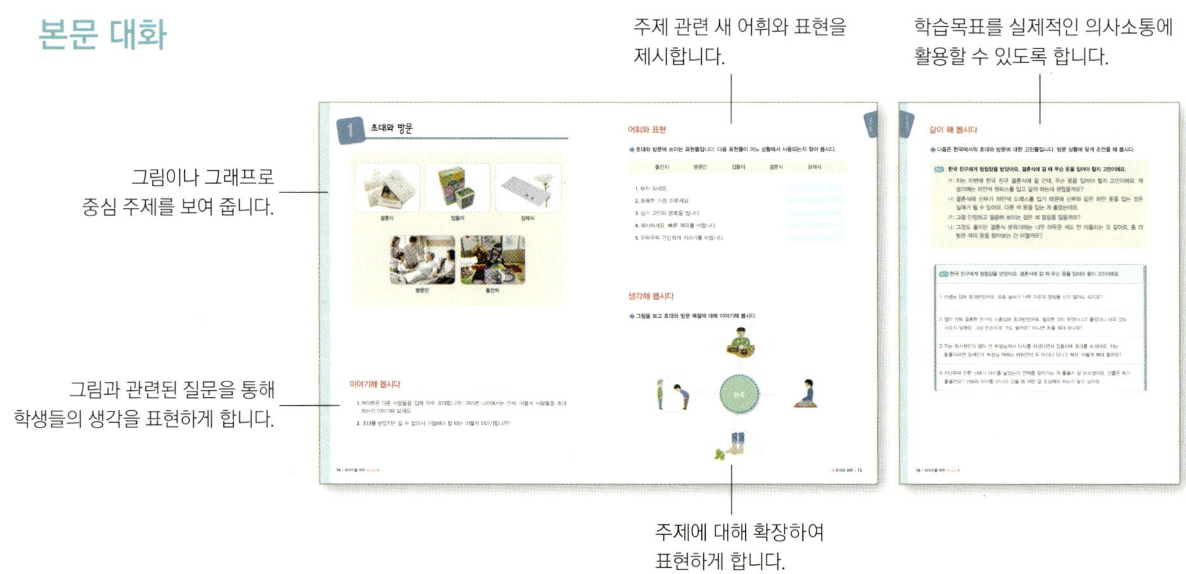

주제에 대해 확장하여 표현하게 합니다.

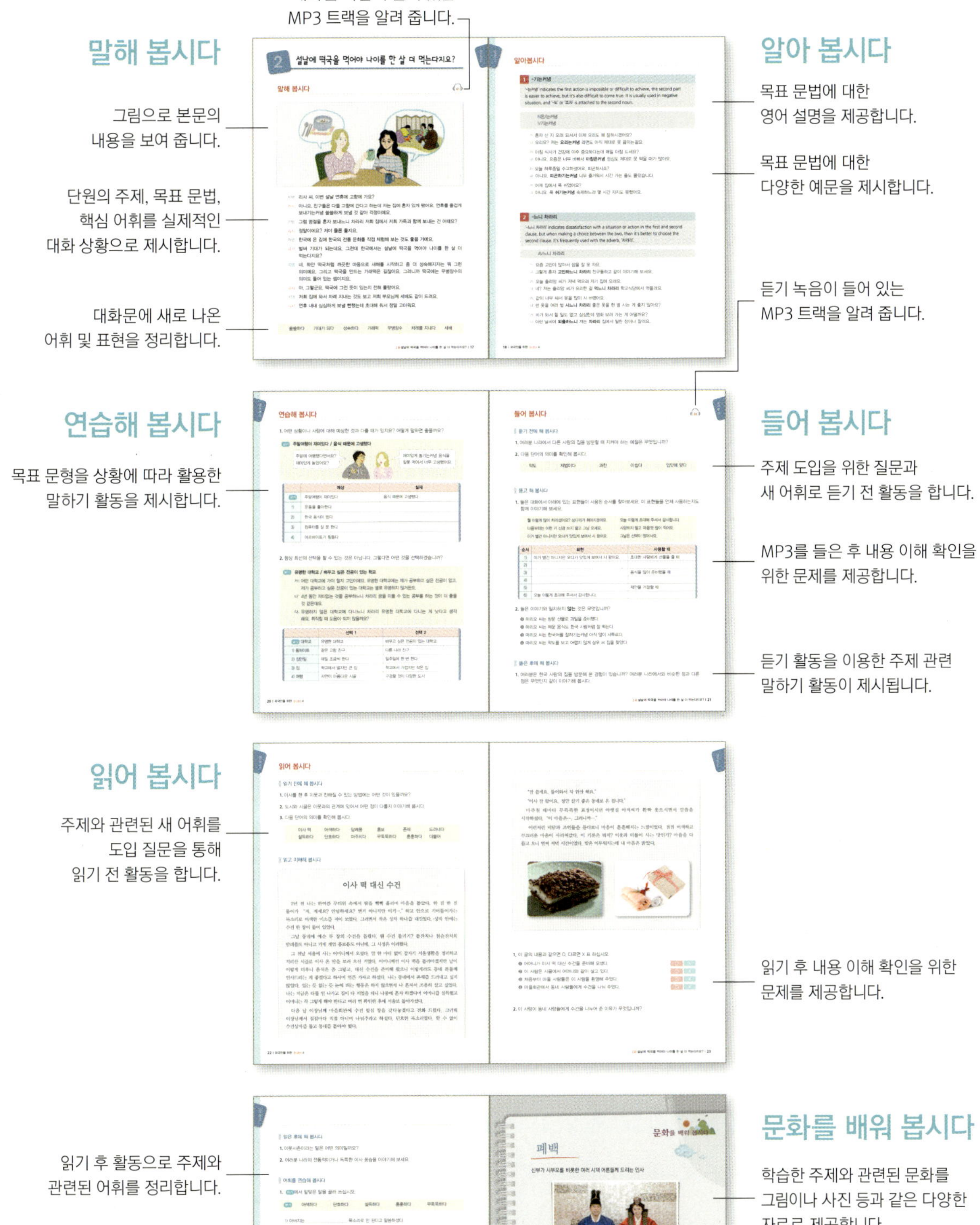

대화문 녹음이 들어 있는
MP3 트랙을 알려 줍니다.

말해 봅시다

그림으로 본문의
내용을 보여 줍니다.

단원의 주제, 목표 문법,
핵심 어휘를 실제적인
대화 상황으로 제시합니다.

대화문에 새로 나온
어휘 및 표현을 정리합니다.

연습해 봅시다

목표 문형을 상황에 따라 활용한
말하기 활동을 제시합니다.

읽어 봅시다

주제와 관련된 새 어휘를
도입 질문을 통해
읽기 전 활동을 합니다.

읽기 후 활동으로 주제와
관련된 어휘를 정리합니다.

알아 봅시다

목표 문법에 대한
영어 설명을 제공합니다.

목표 문법에 대한
다양한 예문을 제시합니다.

듣기 녹음이 들어 있는
MP3 트랙을 알려 줍니다.

들어 봅시다

주제 도입을 위한 질문과
새 어휘로 듣기 전 활동을 합니다.

MP3를 들은 후 내용 이해 확인을
위한 문제를 제공합니다.

듣기 활동을 이용한 주제 관련
말하기 활동이 제시됩니다.

읽기 후 내용 이해 확인을 위한
문제를 제공합니다.

문화를 배워 봅시다

학습한 주제와 관련된 문화를
그림이나 사진 등과 같은 다양한
자료로 제공합니다.

차례

지영
한국 학생
상우
한국 학생
나오카
일본 학생
페이
중국 학생

마리오

멕시코 학생

쑤언

베트남 학생

줄리앙

프랑스 학생

리사

미국 학생

초대와 방문

집들이

결혼식

장례식

학습목표

1

주제도입 — 초대와 방문
같이 해 봅시다 — 방문 예절

2

말해 봅시다 — 설날에 떡국을 먹어야 나이를 한 살 더 먹는다지요?
알아봅시다 — **1** –기는커녕 **2** –느니 차라리
3 –은/는 셈이다 **4** –는 김에

연습해 봅시다

들어 봅시다 — 한국 친구의 집 방문
읽어 봅시다 — 이사 떡 대신 수건

3

말해 봅시다 — 이왕 한국 결혼식을 볼 거면 제대로 봐야죠
알아봅시다 — **1** –(으)ㄹ 테니까 **2** 이왕 –(으)ㄹ 거면
3 –만 한 –이/가 없다 **4** –(는)다고 난리이다

연습해 봅시다

들어 봅시다 — 한국의 대표적인 축제
읽어 봅시다 — 일석삼조 주중 결혼식

문화를 배워 봅시다 — 폐백

초대와 방문

결혼식

집들이

장례식

병문안

돌잔치

이야기해 봅시다

1. 여러분은 다른 사람들을 집에 자주 초대합니까? 여러분 나라에서는 언제, 어떻게 사람들을 초대하는지 이야기해 보세요.

2. 초대를 받았지만 갈 수 없어서 거절해야 할 때는 어떻게 이야기합니까?

어휘와 표현

✤ 초대와 방문에 쓰이는 표현들입니다. 다음 표현들이 어느 상황에서 사용되는지 찾아 봅시다.

돌잔치	병문안	집들이	결혼식	장례식

1. 부자 되세요.

2. 화목한 가정 이루세요.

3. 삼가 고인의 명복을 빕니다.

4. 쾌차하세요. 빠른 쾌유를 바랍니다.

5. 무럭무럭 건강하게 자라기를 바랍니다.

생각해 봅시다

✤ 그림을 보고 초대와 방문 예절에 대해 이야기해 봅시다.

같이 해 봅시다

❋ 다음은 한국에서의 초대와 방문에 대한 고민들입니다. 방문 상황에 맞게 조언을 해 봅시다.

> **보기** **한국 친구에게 청첩장을 받았어요. 결혼식에 갈 때 무슨 옷을 입어야 할지 고민이에요.**
>
> **가:** 저는 이번에 한국 친구 결혼식에 갈 건데, 무슨 옷을 입어야 할지 고민이에요. 제 생각에는 하얀색 원피스를 입고 갈까 하는데 괜찮을까요?
>
> **나:** 결혼식에 신부가 하얀색 드레스를 입기 때문에 신부와 같은 하얀 옷을 입는 것은 실례가 될 수 있어요. 다른 색 옷을 입는 게 좋겠는데요.
>
> **가:** 그럼 단정하고 깔끔해 보이는 검은 색 정장을 입을까요?
>
> **나:** 그것도 좋지만 결혼식 분위기에는 너무 어두운 색도 안 어울리는 것 같아요. 좀 더 밝은 색의 옷을 찾아보는 건 어떨까요?

> **보기** 한국 친구에게 청첩장을 받았어요. 결혼식에 갈 때 무슨 옷을 입어야 할지 고민이에요.
>
> 1) 선생님 집에 초대받았어요. 요즘 날씨가 너무 더운데 양말을 신지 않아도 되지요?
>
> 2) 얼마 전에 결혼한 친구의 신혼집에 초대받았어요. 필요한 것이 무엇이냐고 물었더니 아무 것도 사오지 말래요. 그냥 빈손으로 가도 될까요? 아니면 돈을 줘야 하나요?
>
> 3) 저는 회사원인데 얼마 전 부장님께서 이사를 하셨다면서 집들이에 초대를 하셨어요. 저는 동물이라면 질색인데 부장님 댁에는 애완견이 두 마리나 있다고 해요. 어떻게 해야 할까요?
>
> 4) 지난주에 친한 선배가 아이를 낳았는데 언제쯤 찾아가는 게 좋을지 잘 모르겠어요. 선물은 뭐가 좋을까요? 선배와 아이를 만나러 갔을 때 어떤 걸 조심해야 하는지 알고 싶어요.

2 설날에 떡국을 먹어야 나이를 한 살 더 먹는다지요?

말해 봅시다

지영 리사 씨, 이번 설날 연휴에 고향에 가요?

리사 아니요. 친구들은 다들 고향에 간다고 하는데 저는 집에 혼자 있게 됐어요. 연휴를 즐겁게 보내기는커녕 쓸쓸하게 보낼 것 같아 걱정이에요.

지영 그럼 명절을 혼자 보내느니 차라리 저희 집에서 저희 가족과 함께 보내는 건 어때요?

리사 정말이에요? 저야 물론 좋지요.

지영 한국에 온 김에 한국의 전통 문화를 직접 체험해 보는 것도 좋을 거예요.

리사 벌써 기대가 되는데요. 그런데 한국에서는 설날에 떡국을 먹어야 나이를 한 살 더 먹는다지요?

지영 네. 하얀 떡국처럼 깨끗한 마음으로 새해를 시작하고 좀 더 성숙해지자는 뭐 그런 의미예요. 그리고 떡국을 만드는 가래떡은 길잖아요. 그러니까 떡국에는 무병장수의 의미도 들어 있는 셈이지요.

리사 아, 그렇군요. 떡국에 그런 뜻이 있는지 전혀 몰랐어요.

지영 저희 집에 와서 차례 지내는 것도 보고 저희 부모님께 세배도 같이 드려요.

리사 연휴 내내 심심하게 보낼 뻔했는데 초대해 줘서 정말 고마워요.

쓸쓸하다　　기대가 되다　　성숙하다　　가래떡　　무병장수　　차례를 지내다　　세배

알아봅시다

1 -기는커녕

'-는커녕' indicates the first action is impossible or difficult to achieve, the second part is easier to achieve, but it's also difficult to come true. It is usually used in negative situation, and '-도' or '조차' is attached to the second noun.

> N은/는커녕
> V기는커녕

가: 혼자 산 지 오래 되셔서 이제 요리도 꽤 잘하시겠어요?
나: 요리요? 저는 **요리는커녕** 라면도 아직 제대로 못 끓이는걸요.

가: 아침 식사가 건강에 아주 중요하다는데 매일 아침 드세요?
나: 아니요. 요즘은 너무 바빠서 **아침은커녕** 점심도 제대로 못 먹을 때가 많아요.

가: 오늘 하루종일 수고하셨어요. 피곤하시죠?
나: 아니요. **피곤하기는커녕** 너무 즐거워서 시간 가는 줄도 몰랐습니다.

가: 어제 집에서 푹 쉬었어요?
나: 아니요. 푹 **쉬기는커녕** 숙제하느라 몇 시간 자지도 못했어요.

2 -느니 차라리

'-느니 차라리' indicates dissatisfaction with a situation or action in the first and second clause, but when making a choice between the two, then it's better to choose the second clause. It's frequently used with the adverb, '차라리'.

> AV느니 차라리

가: 요즘 고민이 많아서 잠을 잘 못 자요.
나: 그렇게 혼자 **고민하느니 차라리** 친구들하고 같이 이야기해 보세요.

가: 오늘 줄리앙 씨가 저녁 먹으러 자기 집에 오래요.
나: 네? 저는 줄리앙 씨가 요리한 걸 **먹느니 차라리** 학교식당에서 먹을래요.

가: 값이 너무 싸서 옷을 많이 사 버렸어요.
나: 싼 옷을 여러 벌 **사느니 차라리** 좋은 옷을 한 벌 사는 게 좋지 않아요?

가: 비가 와서 할 일도 없고 심심한데 영화 보러 가는 게 어떨까요?
나: 이런 날씨에 **외출하느니** 저는 **차라리** 집에서 밀린 잠이나 잘래요.

3   -은/는 셈이다

'-(으)ㄴ 셈이다' means when you calculate or think about an situation, the result will be similar or same with another situation.

> AVㄴ/은 셈이다
> N인 셈이다
> DV(으)ㄴ 셈이다
> AV는 셈이다

가: 서울이 고향이세요?
나: 서울에서 30년을 살았으니까 **서울이 고향인 셈이에요.**

가: 도와주셔서 정말 고맙습니다.
나: 지난번에는 지영 씨가 저를 도와주셨으니 제가 **빚을 갚은 셈이죠.**

가: 공연 보러 사람들이 얼마나 왔어요?
나: 한 70명쯤 왔어요. 대학교 동아리 공연에 이 정도면 사람이 **많은 셈이에요.**

가: 이 길로 가면 집까지 더 멀지 않아요?
나: 좀 돌아가는 거지만 **운동하는 셈이라고** 생각해요.

4   -는 김에

'-(으)ㄴ 김에' is used when something unplanned is done together with another action because of an opportunity.

> AV(으)ㄴ 김에
> AV는 김에

가: 나오카 씨도 같이 운동 할래요?
나: 좋아요. **말 나온 김에** 내일부터 시작해요.

가: 오랜만입니다. 그동안 잘 지내셨어요?
나: 그럼요. 이렇게 **만난 김에** 차나 한잔 할까요?

가: 슈퍼에 갈 건데 뭐 필요한 거 있어?
나: **가는 김에** 물 좀 사 가지고 와.

가: 방학 때 여행 간다면서요?
나: **여행하는 김에** 친구도 만나고 오려고 해요.

연습해 봅시다

1. 어떤 상황이나 사람에 대해 예상한 것과 다를 때가 있지요? 어떻게 말하면 좋을까요?

보기 **주말여행이 재미있다 / 음식 때문에 고생했다**

	예상	실제
보기	주말여행이 재미있다	음식 때문에 고생했다
1)	운동을 좋아한다	
2)	한국 음식이 맵다	
3)	컴퓨터를 잘 못 한다	
4)	아르바이트가 힘들다	

2. 항상 최선의 선택을 할 수 있는 것은 아닙니다. 그렇다면 어떤 것을 선택하겠습니까?

보기 **유명한 대학교 / 배우고 싶은 전공이 있는 학교**

가: 어떤 대학교에 가야 할지 고민이에요. 유명한 대학교에는 제가 공부하고 싶은 전공이 없고, 제가 공부하고 싶은 전공이 있는 대학교는 별로 유명하지 않거든요.

나: 4년 동안 재미없는 것을 공부하느니 차라리 꿈을 이룰 수 있는 공부를 하는 것이 더 좋을 것 같은데요.

다: 유명하지 않은 대학교에 다니느니 차라리 유명한 대학교에 다니는 게 낫다고 생각해요. 취직할 때 도움이 되지 않을까요?

		선택 1	선택 2
보기	대학교	유명한 대학교	배우고 싶은 전공이 있는 대학교
1)	룸메이트	같은 고향 친구	다른 나라 친구
2)	집안일	매일 조금씩 한다	일주일에 한 번 한다
3)	집	학교에서 멀지만 큰 집	학교에서 가깝지만 작은 집
4)	여행	자연이 아름다운 시골	구경할 것이 다양한 도시

들어 봅시다

듣기 전에 해 봅시다

1. 여러분 나라에서 다른 사람의 집을 방문할 때 지켜야 하는 예절은 무엇입니까?

2. 다음 단어의 의미를 확인해 봅시다.

약도	제법이다	과찬	아쉽다	입맛에 맞다

듣고 해 봅시다

1. 들은 대화에서 아래에 있는 표현들이 사용된 순서를 찾아보세요. 이 표현들을 언제 사용하는지도 함께 이야기해 보세요.

뭘 이렇게 많이 차리셨어요? 상다리가 휘어지겠어요.	오늘 이렇게 초대해 주셔서 감사합니다.
다음부터는 이런 거 신경 쓰지 말고 그냥 오세요.	사양하지 말고 마음껏 많이 먹어요.
이거 별건 아니지만 오다가 맛있게 보여서 사 왔어요.	그날은 선약이 있어서요.

순서	표현	사용할 때
1)	이거 별건 아니지만 오다가 맛있게 보여서 사 왔어요.	초대한 사람에게 선물을 줄 때
2)		
3)		음식을 많이 준비했을 때
4)		
5)		제안을 거절할 때
6)	오늘 이렇게 초대해 주셔서 감사합니다.	

2. 들은 이야기와 일치하지 **않는** 것은 무엇입니까?

❶ 마리오 씨는 방문 선물로 과일을 준비했다.
❷ 마리오 씨는 매운 음식도 한국 사람처럼 잘 먹는다.
❸ 마리오 씨는 한국어를 잘하기는커녕 아직 많이 서투르다.
❹ 마리오 씨는 약도를 보고 어렵지 않게 상우 씨 집을 찾았다.

들은 후에 해 봅시다

1. 여러분은 한국 사람의 집을 방문해 본 경험이 있습니까? 여러분 나라에서와 비슷한 점과 다른 점은 무엇인지 같이 이야기해 봅시다.

읽어 봅시다

읽기 전에 해 봅시다

1. 이사를 한 후 이웃과 친해질 수 있는 방법에는 어떤 것이 있을까요?

2. 도시와 시골은 이웃과의 관계에 있어서 어떤 점이 다를지 이야기해 봅시다.

3. 다음 단어의 의미를 확인해 봅시다.

이사 떡	돌다	돌리다	답례품	홍보	존재	드러내다
설득하다	단호하다	마주치다	무뚝뚝하다	훈훈하다	더불어	

읽고 이해해 봅시다

이사 떡 대신 수건

2년 전 나는 한여름 무더위 속에서 땀을 뻘뻘 흘리며 마을을 돌았다. 한 집 한 집 들어가 "저, 계세요? 안녕하세요? 별거 아니지만 이거…" 하고, 어색한 미소를 지어 보이며 작은 상자 하나를 내밀었다. 상자 안에는 수건 한 장이 들어 있었다.

그날 동네에 예순 두 장의 수건을 돌렸다. 돌잔치나 칠순잔치의 답례품도 아니고 가게 개업 홍보용도 아닌데, 그 사정은 이러했다.

그 전날 서울에 사는 어머니께서 오셨다. 말 한 마디 없이 갑자기 서울생활을 정리하고 지리산 시골로 이사 온 딸을 보러 오신 거였다. 어머니께선 이사 떡을 돌려야겠지만 날이 이렇게 더우니 음식은 좀 그렇고, 대신 수건을 준비해 왔으니 이렇게라도 동네 분들께 인사드리는 게 좋겠다고 하시며 얼른 가자고 하셨다. 나는 동네에서 존재를 드러내고 싶지 않았다. 있는 듯 없는 듯 눈에 띄는 행동은 하지 않으면서 나 혼자서 조용히 살고 싶었다. 나는 지금은 다들 일 나가고 집이 다 비었을 테니 나중에 혼자 하겠다며 어머니를 설득했고 어머니는 꼭 그렇게 해야 한다고 여러 번 확인한 후에 서울로 올라가셨다.

다음 날 이장님께 마을회관에 수건 팔십 장을 갖다놓겠다고 전화 드렸다. 그런데 이장님께서 집집마다 직접 다니며 나눠주라고 하셨다. 단호한 목소리였다. 할 수 없이 수건상자를 들고 동네를 돌아야 했다.

"이런 거 안 해도 되는데…. 힘들게 이게 무슨 일이여? 그냥 살면 되지…."

“잘 쓸게요. 들어와서 차 한잔 해요.”

“이사 잘 왔어요. 정말 살기 좋은 동네로 온 겁니다.”

마주칠 때마다 무뚝뚝한 표정이시던 아랫집 아저씨가 활짝 웃으시면서 말씀을 시작하셨다. “이 마을은…. 그러니까….”

이런저런 덕담과 조언들을 듣다보니 마음이 훈훈해지는 느낌이었다. 점점 어색하고 부끄러운 마음이 사라져갔다. 이 기분은 뭐지? 이웃과 더불어 사는 맛인가? 마을을 다 돌고 오니 벌써 저녁 시간이었다. 밖은 어두워지는데 내 마음은 밝았다.

1. 이 글의 내용과 같으면 O, 다르면 X 표 하십시오.

❶ 어머니가 이사 떡 대신 수건을 준비해 오셨다.   O   X

❷ 이 사람은 시골에서 어머니와 같이 살고 있다.   O   X

❸ 처음부터 마을 사람들은 이 사람을 환영해 주었다.   O   X

❹ 마을회관에서 동네 사람들에게 수건을 나눠 주었다.   O   X

2. 이 사람이 동네 사람들에게 수건을 나누어 준 이유가 무엇입니까?

▌ 읽은 후에 해 봅시다

1. 이웃사촌이라는 말은 어떤 의미일까요?

2. 여러분 나라의 전통적이거나 독특한 이사 풍습을 이야기해 보세요.

▌ 어휘를 연습해 봅시다

1. 보기에서 알맞은 말을 골라 쓰십시오.

보기	돌리다	단호하다	설득하다	훈훈하다	무뚝뚝하다

1) 아버지는 ___________________ 목소리로 안 된다고 말씀하셨다.

2) 그만 집에 돌아가자는 친구를 ___________________ 시골에서 하루를 더 머물렀다.

3) ___________________ 인상 때문에 다른 사람들이 나를 대하기 어려워할 때가 있다.

4) 두 사람의 오래된 우정은 주변 사람들의 마음까지 ___________________ 만들었다.

5) 오늘 줄리앙 씨가 생일이라면서 프랑스에서 가져온 초콜릿을 하나씩 ___________________.

3 이왕 한국 결혼식을 볼 거면 제대로 봐야죠

말해 봅시다  03

쑤 언 　선생님, 결혼을 진심으로 축하드려요. 올해 안에 국수 먹여 주신다고 해서 제가 얼마나 기대를 했는데요.

선생님 　와 줘서 정말 고마워요.

쑤 언 　이렇게 예쁜 신부는 세상에서 처음 봐요. 신랑분도 멋있고 두 분이 정말 잘 어울리세요.

선생님 　너무 비행기 태우지 마세요. 결혼식 후에 피로연이 있으니까 식사도 하고 가세요. 식사 후에는 폐백이 있는데 여러분도 구경해도 돼요. 이왕 한국 결혼식을 볼 거면 제대로 봐야죠.

쑤 언 　폐백이라니요?

선생님 　신랑의 부모님과 친척들께 인사를 드리는 거예요.

쑤 언 　그렇군요. 그런데 신혼여행은 어디로 가세요?

선생님 　하와이로 갈 거예요. 신혼여행지로 하와이만 한 데가 없다고 하더라고요.

쑤 언 　우와! 정말 부럽네요. 여행 재미있게 잘 다녀오세요.

선생님 　고마워요. 그런데 다른 학생들은 어디에 있어요?

쑤 언 　저기 보세요. 지금 선생님 사진 찍는다고 난리예요.

선생님 　여러분, 여기에서 찍으면 더 잘 나올 테니까 이쪽으로 오세요.

진심	비행기를 태우다	피로연	폐백	친척	신혼여행지

알아봅시다

1 –(으)ㄹ 테니까

'–(으)ㄹ테니까' is used to show a condition or criteria in the following clause. The speaker's will or strong assumption is in the first clause, and a suggestion or command for listener is in the second clause.

> V았/었/였을 테니까
> V(으)ㄹ 테니까

가: 동생이 지금쯤 고향에 도착했을까요?
나: 잘 **도착했을 테니까** 걱정하지 마세요.

가: 산에 올라가면 날씨가 **추울 테니까** 따뜻하게 입고 가.
나: 그렇지 않아도 옷을 잘 챙겨 입었어요.

가: 저희들은 잘 **있을 테니까** 걱정하지 말고 여행 잘 다녀오세요.
나: 알았다. 그럼 너희들을 믿고 안심하고 다녀올게.

가: 담당자에게 말해 **놓을 테니까** 이메일로 이력서를 보내 보세요.
나: 고마워요. 이력서를 잘 써서 내일까지 보낼게요.

2 이왕 –(으)ㄹ 거면

'이왕 –(으)ㄹ 거면' means 'if you have already decided to do something', and it is frequently used when giving advice.

> 이왕 AV(으)ㄹ 거면

가: 한국어를 배우고 싶은데 어떻게 공부하면 좋을까요?
나: **이왕 한국어를 공부할 거면** 제대로 배워야죠. 기초부터 배워 보세요.

가: 저도 새해에 어른들께 세배를 한번 해 볼까 해요.
나: **이왕 세배를 할 거면** 한복도 입고 제대로 해 보세요.

가: 김치를 어떻게 만드는지 아세요? **이왕 만들 거면** 맛있게 만들고 싶어서요.
나: 그래요? 그럼 제가 저희 어머니께 한번 여쭤 볼게요.

가: 일이 너무 많은데 내일 하는 게 어떨까요?
나: **이왕 할 거면** 오늘 다 끝냅시다.

<table>
<tr><td style="background:#c0392b;color:white">3</td><td>**–만 한 –이/가 없다**</td></tr>
</table>

'–만 한 –이/가 없다' means 'Noun is the best for some situation or condition'

N만 한 N이/가 없다

가: 한국의 전통문화를 제대로 보고 싶은데 어디로 가면 좋을까요?
나: 전통문화라면 **경주만 한 곳이 없지요.**

가: 저는 고향에 계신 부모님께 전화로 연락해요.
나: 역시 **전화만 한 게 없지요.**

가: 고민이 있을 땐 친구를 만나서 상담하는 게 제일이죠.
나: 맞아요. 이야기 상대로 **친구만 한 사람이 어디 있나요?**

가: 좀 출출한데 먹을 게 없나요?
나: 라면을 먹는 게 어때요? 출출할 땐 **라면만 한 음식이 없잖아요.**

<table>
<tr><td style="background:#c0392b;color:white">4</td><td>**–(는)다고 난리이다**</td></tr>
</table>

'–다고 난리이다' is used when a situation is noisy and chaotic because of repeated action or speaking.

DV다고 난리이다
AVㄴ/는다고 난리이다

가: 지난 주말에 만든 케이크는 어땠어?
나: 친구들이 **맛있다고 난리였어.** 다음 주에 또 만들어 주기로 했어.

가: 백화점에 웬 사람들이 이렇게 많을까요?
나: 오늘부터 세일이라 물건을 **산다고 난리예요.**

가: 공항에 사람들이 많아서 너무 복잡하네.
나: 휴가니까 너도 나도 **여행을 간다고 난리예요.**

가: 밖이 너무 시끄러워서 잠을 잘 수가 없네요. 무슨 일이에요?
나: 근처에 불이 났나 봐요. 소방차가 오고 사람들도 **구경한다고 난리예요.**

연습해 봅시다

1. 주말에 친구와 같이 무엇을 할 것인지 이야기해 보세요.

> **보기** **등산**
> **가:** 주말에 뭐 할 거예요?
> **나:** 날씨가 좋을 테니까 등산을 갈까요?
> **가:** 좋아요. 저는 김밥을 준비할 테니까 마리오 씨는 음료수를 가지고 오세요.

보기 등산	날씨가 좋다. 김밥을 준비하다
1) 쇼핑	
2) 영화	
3) 파티	
4) 여행	

2. 이럴 때는 어떻게 하는 게 좋을까요? "이럴 때에는 이것만 한 게 없어요!" 다른 사람에게 여러분이 알고 있는 좋은 방법을 알려 주세요.

> **보기** **살을 빼고 싶은데 어떻게 하면 뺄 수 있는지 잘 모르겠어요.**

	고민	조언(좋은 방법 소개)
보기	살을 빼고 싶은데 어떻게 하면 뺄 수 있는지 잘 모르겠어요.	꾸준한 운동만 한 것이 없는 것 같다.
1)	이왕 한국에 왔으니까 뭔가 특별한 경험을 하고 싶어요.	
2)	스트레스를 한 번에 싹 풀 수 있는 좋은 방법이 없을까요?	
3)	요즘 밤에 잠이 안 와요. 어떻게 하면 불면증이 없어질까요?	
4)	살아 있는 한국어를 배우려면 어떻게 해야 하는지 알려 주세요.	

들어 봅시다

듣기 전에 해 봅시다

1. 여러분이 알고 있는 한국의 축제와 여러분 나라의 유명한 축제에 대해 같이 이야기해 봅시다.

2. 다음 단어의 의미를 확인해 봅시다.

알다시피	영화광	설경	환상적	특산물

듣고 해 봅시다

1. 두 사람이 이야기한 계절별 축제의 이름과 축제가 열리는 지역 이름을 쓰십시오.

축제시기	축제 이름	지역
1) 봄		경기도 / 이천
2) 여름	보령 머드 축제	/
3) 가을		부산
4) 겨울		강원도 / 태백

2. 부산 국제 영화제에 대한 내용과 맞지 **않는** 것은 무엇입니까?

❶ 외국 사람들이 많다　　　　　　　　❷ 아시아 영화 중심이다

❸ 극장에서 보기 어려운 영화들을 볼 수 있다　　❹ 여름마다 부산에서 열리는 영화 축제이다

3. 도자기 축제에서 할 수 **없는** 일은 무엇입니까?

❶ 도자기 감상하기　　　　　　　　　❷ 도자기 만들기 체험

❸ 지역 특산 음식 체험　　　　　　　　❹ 도자기 역사박물관 관람

들은 후에 해 봅시다

1. 여러분이 관심 있는 축제를 인터넷으로 찾아 발표해 봅시다.

> ❖ 축제 시기: 매년 여름　　　❖ 축제의 특징
> ❖ 축제의 목적: 만화 전시 & 감상　　· 만화작가를 직접 만날 수 있다.
> 　　　　　　　　　　　　　　· 만화 관련 상품을 구입할 수 있다.
> 　　　　　　　　　　　　　　· 여러 나라의 만화를 감상할 수 있다.

읽어 봅시다

읽기 전에 해 봅시다

1. 여러분 나라에서는 사람들이 특별히 좋아하는 결혼식 시기나 요일이 있습니까?

2. 한국 결혼식과 고향 결혼식의 다른 점은 무엇입니까?

3. 다음 단어의 의미를 확인해 봅시다.

뜨다	망치다	교통체증	예식	진행	본래	개성	계기	요구
맞추다	장식	예복	공식적	하객	협상	참석률	잡다	치르다

읽고 이해해 봅시다

일석삼조 주중 결혼식

할인된 가격에 서비스도 좋아, 하객들도 환영

주중 결혼식이 뜨고 있다. 토·일요일 결혼식은 하객들에게 휴일 하루를 망친다는 부담을 주는 게 사실이다. 주말 결혼식 때문에 교통체증이 생기고, 짧은 예식시간 때문에 결혼식이 대부분 똑같은 방법으로 진행되다 보니 결혼식 본래의 뜻과 개성을 잃어버렸다. 이런 상황에서 주중 결혼식은 결혼식 본래의 의미를 되찾는 계기가 될 수 있을 것이다.

주중 결혼식이 신혼부부에게 가장 좋은 점은 그들의 요구에 맞출 수 있다는 점이다. 지난 목요일에 한 호텔 예식장에서 결혼한 신부 이정아(31세) 씨는 "평일이라서 결혼식이 하나밖에 없으니까 식장 분위기와 꽃 장식, 테이블 장식까지 모두 나에게 맞춰 주고 신경 써 줘서 아주 만족스러웠어요."라고 말했다. 또 금요일에 결혼한 정민수(33세)씨는 "결혼식이 비용에 비해 만족도가 높을 뿐만 아니라 예복을 빌릴 때에도 가장 좋은 것을 고를 수 있고 미용실에서도 여유 있게 서비스를 받을 수 있어서 좋았어요."라고 했다.

주중 결혼식은 결혼식에 드는 비용을 줄일 수 있다는 장점이 있다. 서울시내 대부분의 예식장은 주중에 결혼을 할 경우 식비와 예식장 비용을 10~15%가량 할인해 주는 게 일반적이다. 정민수(33세)씨는 A예식장을 이용했는데 음식값을 23% 할인받았다면서 공식적인 할인 외에도 비용에 대해 협상이 가능하다고 말했다.

주중 결혼식은 하객의 참석률이 높다. 김유성(36세)씨는 하객이 많이 안 올 것 같다는 걱정과 달리 400여 명이 와서 급히 예식장 옆의 식당 하나를 더 잡아야 했다고 말했다. 결혼식을 금요일에 치른 덕분에 자신의 결혼식에 직장 동료들이 40여 명이나 참석했다. 처음에 김 씨는 직장 생활을 하는 친구들이 예식 시간에 맞춰 올 수 있을지 걱정했지만 참석률이 높았고 친구들도 만족했다고 한다. 오랫동안 얘기하고 즐길 수 있어서 정말 잔칫집 같은 분위기였다고 말하면서 결혼을 준비 중인 다른 사람들에게도 주중 결혼식을 권하고 있다고 했다.

이렇듯 주중 결혼식은 신혼부부와 하객 모두에게 환영 받는 경우가 많다. 아직은 주중 결혼식이 예외적인 것으로 느껴질 수 있지만 주중 결혼식이 더욱 증가할 것으로 예상된다.

1. 주말 결혼식에 대한 사람들의 생각이 **아닌** 것은 무엇입니까?

❶ 교통체증을 불러일으킨다.

❷ 주말 하루를 포기해야 한다.

❸ 결혼식 내용이 대부분 비슷하다.

❹ 친구들과 천천히 이야기를 나눌 수 있다.

2. 위 글에서 알 수 있는 주중 결혼식의 장점은 무엇입니까?

1) ______________________________________

2) ______________________________________

3) ______________________________________

4) 결혼식이 끝난 후에도 여유가 있어서 잔칫집 같은 분위기가 있다.

읽은 후에 해 봅시다

1. 결혼식 중에서 가장 중요한 부분은 무엇이라고 생각합니까?

2. 여러분이 이상적이라고 생각하는 결혼식은 어떤 결혼식입니까?

어휘를 연습해 봅시다

1. 보기 에서 알맞은 말을 골라 쓰십시오.

보기	요구하다	공식적이다	망치다	뜨다	맞추다

1) 모든 행사를 일정에 ＿＿＿＿＿＿＿ 진행했다.

2) 발표 준비를 열심히 했지만 너무 긴장해 가지고 발표를 ＿＿＿＿＿＿＿.

3) 혼자 사는 사람들이 많아지면서 편의점에서 판매하는 도시락이 ＿＿＿＿＿＿＿.

4) 이 문제는 개인적으로 이야기할 것이 아니라 ＿＿＿＿＿＿＿ 자리에서 이야기할 필요가 있다.

5) 1년 동안 교통체증으로 고생한 주민들은 새로운 도로를 만들어 줄 것을 정부에 ＿＿＿＿＿＿＿.

폐백

신부가 시부모를 비롯한 여러 시댁 어른들께 드리는 인사

신부는 친정에서 준비해온 대추와 밤을 시아버지에게 올리고 육포를 시어머니에게 올린다. 대추와 밤은 손주를 많이 낳겠다는 약속의 의미가 있고 넓적한 육포는 넓은 마음으로 며느리를 이해해 달라는 의미가 있다.

폐백을 받은 시부모님은 자식을 많이 낳아 번창하라는 의미로 신부의 치마에 밤과 대추를 던져준다. 대추는 아들을 상징하고 밤은 딸을 상징한다.

일상생활

학습목표

4

주제도입   일상생활

같이 해 봅시다   부동산 광고 보고 방 선택하기

5

말해 봅시다   방이 더 컸더라면 좋았을 걸 그랬어요

알아봅시다   ❶ –는 바람에   ❷ –았/었/였더라면
     ❸ –도록 하다   ❹ –더니

연습해 봅시다

들어 봅시다   기숙사 규칙

읽어 봅시다   편의점의 성장

6

말해 봅시다   인터넷 쇼핑이 얼마나 편리한지 몰라

알아봅시다   ❶ 얼마나 –(으)ㄴ/는지 모르다/알다   ❷ –기는 –하다
     ❸ –았/었/였더니   ❹ 그나저나

연습해 봅시다

들어 봅시다   대형마트와 전통시장

읽어 봅시다   일상의 행복한 변화, 스마트 홈 시대

문화를 배워 봅시다   한국의 다양한 시장

서울 거주 외국인 국적별 삶의 만족도 현황 단위: 점(10점 만점)

국가	전체	중국	일본	대만	베트남	기타 아시아 권	영미권	유럽권	기타
만족도	6.97	7.34	5.67	6.92	6.97	6.89	6.97	6.98	6.64

*자료: 서울시 서울 서베이(2014)

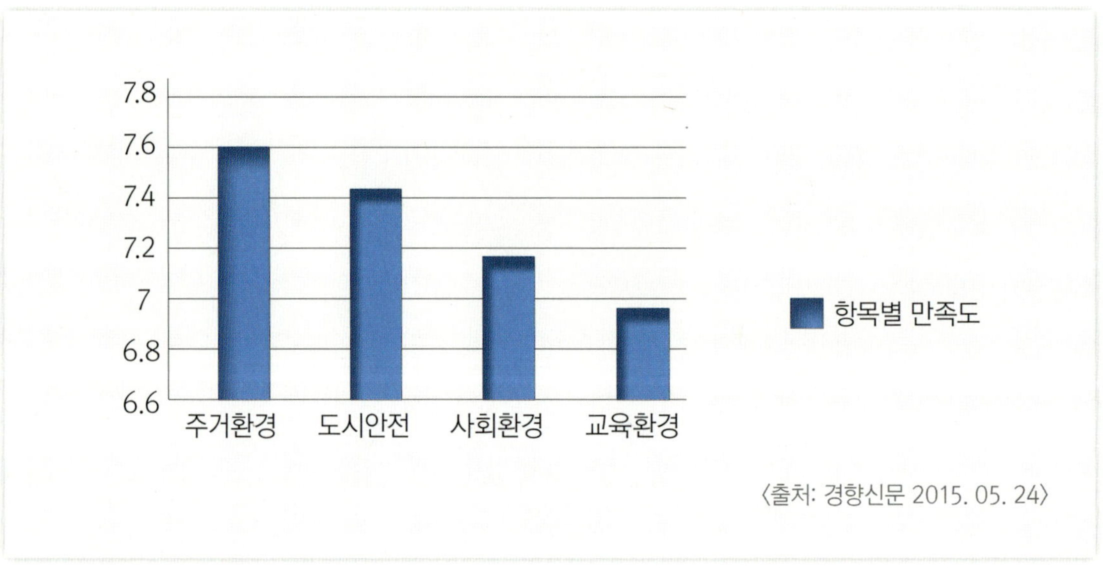

〈출처: 경향신문 2015. 05. 24〉

이야기해 봅시다

1. 여러분은 한국 생활에 대해서 만족합니까? 어떤 점에 만족합니까?
   만족하지 않는다면 어떤 점에 만족하지 않습니까?

2. 한국 생활이 고향에서의 생활과 다른 점은 무엇입니까?

어휘와 표현

❋ 다음은 부동산 계약과 인터넷 쇼핑을 할 때 사용되는 어휘입니다. 문장에 알맞은 단어를 선택하여 쓰십시오.

월세	전세	중개 수수료	공인 중개소	보증금

한국에서 집을 빌릴 때는 두 가지 방법이 있다. [   ]은/는 집주인에게 일정한 금액의 [   ]을/를 맡기고 집을 사용하다가 계약이 끝나면 돈의 전액을 돌려받는다. [   ]은/는 전세보다 적은 일정금액의 [   ]을/를 맡기고 매달 집세를 내는 것이다. 집을 계약할 때는 [   ]을/를 통해서 계약을 하고 계약을 마치면 일정 금액의 [   ]을/를 내야한다.

반품	택배	품절	주문	환불

인터넷에서는 사고 싶은 물건이 있으면 바로 [   ]할 수 있다. 주문한 물건의 배송 방법으로 [   ]을/를 많이 이용한다. 물건을 받아보고 마음에 안 들면 [   ]할 수 있다. 받은 물건을 주문한 회사로 보내고 물건 값을 [   ] 받는다. 가끔 원하는 물건이 [   ]일 경우가 있는데 이때는 그 물건이 다시 들어올 때까지 기다려야 한다.

생각해 봅시다

❋ 다음은 한국 생활에서 유용한 전화번호입니다. 어떤 상황에서 사용할지 이야기해 봅시다. 여러분 나라에서 실생활에서 필요한 전화번호에는 어떤 것이 있습니까?

같이 해 봅시다

❈ 방을 구하려고 합니다. 자신이 원하는 집의 조건을 쓰십시오. 그리고 다음의 광고를 보고 계약하고 싶은 방을 선택한 후 그 이유를 쓰십시오.

행복 부동산	남산 공인중개소	서울 공인중개소	외대 공인중개소
〈원룸 전세〉	〈원룸 월세〉	〈투룸 월세〉	〈하숙집〉
2015년 신축	역에서 도보 3분	리모델링 투룸	주인집과 분리
풀옵션	대로변 4층	조용한 주택가 1층	주 1회 삼겹살 제공
도배 및 장판	풀옵션	풀옵션	식사는 '원하는 시간'에
엘리베이터 있음	500/35	도배 및 장판	가능
즉시 입주 가능	(+5만원 관리비)	현관 보안	독방 있음
전세 550	즉시 입주 가능	방범창	지하철 역에서 걸어서
(월세 가능)		1000/60	10분
		입주일 협의 가능	

내가 원하는 집의 조건

예) 지하철에서 가까운 곳

1.

2.

3.

4.

5.

내가 선택한 집 ______________

선택한 이유

1.

2.

3.

4.

5.

5 방이 더 컸더라면 좋았을 걸 그랬어요

말해 봅시다 05

나오카	학교 근처에 있는 방을 구하려고 하는데요.
중개인	어떤 방을 원하십니까?
나오카	원룸이나 고시원처럼 혼자 살 수 있는 곳이라면 좋을 것 같아요. 그리고 집주변이 조용했으면 좋겠어요.
중개인	요즘 학교 근처에 새로운 원룸이 많이 생겨서 몇 군데 보여 드릴 수 있습니다.

중개인	이곳은 냉장고, 세탁기 등과 같은 시설이 모두 갖추어져 있습니다. 인터넷은 무료로 사용하실 수 있고 전기세 수도세는 별도입니다.
나오카	그래요? 예전에는 시설이 잘 갖추어진 원룸이 많지 않더니 요즘은 참 많네요.
중개인	네. 요즘에는 이렇게 잘 되어 있지 않으면 세입자들이 입주하려고 하지 않아요. 보신 곳은 어떠십니까?
나오카	방이 전체적으로 밝고 깨끗해서 좋은데 제가 짐이 많아서 이 방은 조금 작을 것 같아요. 방이 조금 더 컸더라면 좋았을 걸 그랬어요.
중개인	원룸은 대부분 이 정도 크기예요. 그러면 원룸보다 더 넓으면서도 가격이 저렴한 주택을 보도록 하세요. 학생들이 원룸을 선호하지만 주택도 좋은 곳이 많이 있거든요.
나오카	그래야겠어요. 사실 저도 등록금을 낼 때 큰돈을 쓰는 바람에 비싼 집을 구할 형편이 아니거든요. 좋은 집이 있으면 보여 주세요.

| 군데 | 전기세 | 수도세 | 별도 | 갖추어지다 |
| 세입자 | 입주하다 | 저렴하다 | 선호하다 | 형편 |

1   -는 바람에

When you use '-는 바람에', the preceding action is a cause or reason for the following situation. It is used when the preceding situation negatively effects the following action.

> AV는 바람에

가: 오늘 왜 학교에 지각했어요?
나: 아침에 늦잠을 **자는 바람에** 그랬어요.

가: 아팠다면서요? 얼굴이 많이 안 좋아 보여요.
나: 네. 점심을 급하게 **먹는 바람에** 체했어요.

가: 미안해요. 오다가 **사고가 나는 바람에** 좀 늦었어요.
나: 괜찮아요. 그런데 다친 데는 없어요?

가: 유학을 내년에 가기로 했다면서요?
나: 네. 집안 사정이 **나빠지는 바람에** 유학을 1년 미루기로 했어요.

2   -았/었/였더라면

'-았/었/였더라면' is used when speculating the opposite about a past event. The following clause indicates regret about the past event.

> N이었/였더라면
> V았/었/였더라면

가: 한국어로 면접 봤다면서? 잘했어?
나: 아니. 아주 쉬운 문법 실수를 많이 했어. 내가 **한국 사람이었더라면** 그런 실수를 하지 않았을 텐데.

가: 아무래도 이번 시험에 떨어질 것 같아요. 열심히 **공부했더라면** 좋았을 걸 그랬어요.
나: 너무 실망하지 말아요. 다음에 기회가 또 있을 거예요.

가: 처음 요리해 봤는데, 내가 만든 찌개 맛이 어때?
나: 맛있어. 그런데 좀 더 **매웠더라면** 좋았을 걸 그랬어.

가: 외국어 배운다면서요? 그 나라 사람처럼 발음하기가 어렵지 않아요?
나: 네. 좀 더 어렸을 때 **배웠더라면** 발음이 자연스러울 텐데 잘 안 되네요.

3 -도록 하다

'–도록' is attached to action verbs, and indicates level, purpose, or standard. When you use '–도록 하다', it means to order somebody to do

AV도록 하다

가: 이 약을 식사하시고 30분 후에 드세요. 그리고 물을 많이 **마시도록 하세요**.
나: 네. 알겠습니다.

가: 저는 내일 몇 시까지 오면 돼요?
나: 회의가 10시에 시작하니까 9시 30분까지 **오도록 하세요**.

가: 언제까지 이 일을 끝낼 수 있어요?
나: 가능하면 이번 주 안으로 **끝내도록 하겠습니다**.

가: 중요한 물건이니까 잃어버리면 안 돼요.
나: 네. 알겠습니다. **잃어버리지 않도록** 조심하겠습니다.

4 -더니

'–더니' indicates that facts learned through past experience in the first clause are different from the facts shown the second clause. Also, it is used when a recalled memory in the first clause is the cause of the second clause.

V더니

가: 날씨가 많이 따뜻해졌어요.
나: 네. 어제까지는 **춥더니** 많이 풀렸네요.

가: 줄리앙 씨가 이제는 매운 음식도 잘 먹는다면서요?
나: 네. 옛날에는 김치찌개도 못 **먹더니** 지금은 매운 낙지볶음도 잘 먹더라구요.

가: 쑤언 씨가 6급을 졸업한대요.
나: 열심히 **공부하더니** 드디어 졸업하는군요!

가: 지영이가 방송국 기자가 되었다면서?
나: 응. 그렇게 열심히 **준비하더니** 방송국에 들어갔어.

연습해 봅시다

1. 당신은 지금 병원에 누워서 자신의 인생을 되돌아보고 있습니다. 후회하는 일은 무엇입니까?

2. 20년 만에 초등학교 동창회를 했습니다. 오랜만에 만난 친구들이 어떻게 달라졌습니까? 지금은 무엇을 하고 있습니까? 보기와 같이 이야기해 봅시다.

보기 **피아노를 잘 쳤다**

가: 오랜만이다. 잘 지냈어? 초등학교 때는 나보다 작더니 키가 많이 컸네.

나: 그렇지. 넌 무슨 일을 해?

가: 세계를 돌아다니면서 피아노 연주를 해.

나: 어렸을 때부터 피아노를 잘 치더니 피아니스트가 됐구나. 정말 잘됐다.

보기 피아노를 잘 쳤다	피아니스트가 됐다
1) 공부를 잘했다.	
2) 동물을 좋아했다.	
3) 여행을 많이 다녔다.	
4) 불쌍한 사람을 많이 도와 줬다.	

들어 봅시다

듣기 전에 해 봅시다

1. 여러분은 지금 어떤 집에서 살고 있습니까? 자신의 집에서 마음에 드는 부분과 마음에 들지 않는 부분에 대해서 이야기해 봅시다.

2. 기숙사에서 살아 본 경험이 있습니까? 좋은 점과 나쁜 점에 대해서 이야기해 봅시다.

3. 다음 단어의 의미를 확인해 봅시다.

하늘의 별따기	규칙	통금	보안	외박	배려하다	공동 생활

듣고 해 봅시다

1. 선배에 대한 설명으로 맞는 것은 무엇입니까?

❶ 이번 학기부터 기숙사에 살게 됐다.
❷ 이번 학기에는 외박을 한 적이 없다.
❸ 이번 학기에 친구들을 집에 초대했다.
❹ 지난 학기에 기숙사 신청을 처음 했다.

2. 기숙사 규칙과 맞지 **않는** 것은 무엇입니까?

❶ 기숙사에 12시 전에 들어가야 한다.
❷ 기숙사 안에서는 전화를 사용할 수 없다.
❸ 기숙사에서 자지 않을 경우에는 미리 신청을 해야 한다.
❹ 기숙사에 살지 않는 친구들은 자기 방에 초대할 수 없다.

3. 선배가 생각할 때 공동 생활에서 가장 중요한 것이 무엇이라고 합니까?

들은 후에 해 봅시다

1. 여러분은 혼자 사는 것과 공동 생활을 하는 것 중에서 어느 것이 좋다고 생각합니까?

2. 공동 생활을 하면서 지켜야 하는 것들에 대해서 이야기해 봅시다.

읽어 봅시다

읽기 전에 해 봅시다

1. 편의점을 얼마나 자주 이용합니까?

2. 편의점을 이용하는 데에 편리한 점과 불편한 점을 이야기해 봅시다.

3. 다음 단어의 의미를 확인해 봅시다.

떠올리다	1인가구	노령	꾸준하다	전성시대	접근성	장점을 살리다	매력적
문구	혹하다	통신사	간편식	구조	위주	열을 올리다	기능

읽고 이해해 봅시다

편의점의 성장

　'길 건너 하나, 한 집 건너 또 하나' 이것은 무엇일까요? 커피숍을 떠올리실 수도 있겠습니다만 정답은 아닙니다. 1인가구와 노령 인구의 증가, 맞벌이 부부의 증가와 함께 꾸준한 성장을 보이고 있는 편의점을 말하는 것입니다. 백화점이나 대형 할인매장의 전성시대가 지나고 편의점의 시대가 열렸다고 할 수 있습니다.

　편의점이 어떻게 급성장을 했는지 그 원인을 생각해 보겠습니다. 첫째는 접근성입니다. 관심 있는 이성의 마음을 얻는 방법은 그 사람의 주위에서 계속 자신의 모습을 보이는 것이라고 합니다. 이와 마찬가지로 편의점은 24시간 소비자의 근처에 있으면서 소비자의 마음을 얻고 있습니다. 즉 좋은 접근성이라는 장점을 살려 성장을 이룬 것입니다. 집에서 멀리 떨어진 대형마트나 백화점에 가는 것보다는 내 집 앞에 있어서 금방 걸어 갈 수 있는 편의점을 자주 이용하게 됩니다. 물론 대형마트가 가격 면에서는 훨씬 매력적이라고 할 수 있습니다. 양이 많아서 남겨 버리느니 차라리 좀 비싸도 쓸 만큼의 적당한 양을 사는 게 낫다고 생각하는 분들이 많으실 겁니다.

　둘째는 다양한 할인행사라고 할 수 있습니다. 편의점이 동네 슈퍼보다도 비싸다는 생각을 아직 가지고 계십니까? '1+1, 2+1' 또는 라면을 사면 음료수를 준다는 문구에 다들

한 번쯤 혹해서 그걸 사 본 경험이 있으실 겁니다. 이런 할인행사를 통해 대형마트보다 싼 가격으로 살 수 있는 상품도 있습니다. 통신사 멤버십카드나 신용카드로 10% 할인을 받을 수도 있으니 편의점 이용자가 늘어나는 것이 이상한 일도 아닙니다.

셋째는 편의점의 효자 역할을 하는 간편식, 특히 도시락입니다. 우리나라 가구 구조가 학생, 미혼 직장인, 노인, 젊은 맞벌이 부부 등 1·2인 위주로 바뀌면서 간편식의 소비가 급증하고 있습니다. 김밥, 과일, 샐러드, 샌드위치, 도시락, 심지어 치킨까지 그 종류가 점점 다양화되고 있습니다. 그중 도시락은 인기 상품이라고 합니다. 각 편의점마다 유명인의 이름을 붙인 도시락을 판매하는 데 열을 올리고 있습니다.

넷째는 편의점의 다양한 기능입니다. 생필품이나 간편식을 사려고 편의점에 갈 뿐만 아니라 택배 서비스를 이용하기 위해, 세탁물을 맡기기 위해, 입출금 서비스를 이용하기 위해 가기도 합니다. 다시 말하면 빵집, 약국, 은행, 분식집, 치킨집, 세탁소의 역할을 편의점이 하고 있는 것입니다. 고기와 생선까지 팔게 된다면 편의점에서 살 수 없는 게 없을 것 같습니다.

편의점의 증가와 발달로 주변 상점들의 피해가 심각하다는 걱정의 목소리도 있습니다. 그러나 편의점은 시대의 요구에 따라 꾸준히 성장할 것으로 예상됩니다. 편의점이라는 이름 그대로 소비자들의 편의를 위한 가게로 더욱 발전하기를 기대해 봅니다.

1. 글의 내용과 같은 것을 고르십시오.

❶ 고기나 생선도 살 수 있는 편의점이 늘어나고 있다.

❷ 편의점에서 사는 것은 양이 많아서 남겨 버리는 경우가 많다.

❸ 대형마트보다 싼 가격으로 살 수 있어서 편의점 이용자가 많다.

❹ 편의점에서 생필품의 구매뿐 아니라 다양한 서비스를 이용할 수 있다.

2. 편의점의 성장 원인은 무엇입니까?

1) ______________________________________

2) ______________________________________

3) ______________________________________

4) ______________________________________

읽은 후에 해 봅시다

1. 여러분 나라의 편의점과 한국의 편의점은 어떤 차이가 있습니까?

2. 편의점과 대형마트를 비교해서 이야기해 봅시다.

어휘를 연습해 봅시다

1. 보기 에서 알맞은 단어를 골라 쓰십시오.

보기	위주	문구	노령	장점을 살리다	떠올리다

1) 어린 시절에 즐겨 듣던 음악을 들으며 추억을 ______________.

2) TV프로그램들이 정보 제공보다 흥미 ______________ 만들어지고 있다.

3) 그 회사는 각 사원들이 ______________ 일할 수 있는 환경을 제공한다.

4) 요즘 사회는 저출산과 의학의 발달로 ______________ 인구가 점점 증가하고 있다.

5) '개인 사정으로 오늘 문을 열 수 없다'는 짧은 ______________ 가게 문 앞에 붙어 있다.

6 인터넷 쇼핑이 얼마나 편리한지 몰라

말해 봅시다  07

상우	뭐 하고 있어?
지영	인터넷 쇼핑몰을 보고 있었는데 마음에 드는 운동화가 있어서 구입하려고.
상우	그 운동화가 꽤 마음에 들었나 봐.
지영	응. 사실은 전에 같은 제품을 백화점에서 봤는데 살지 말지 망설이다가 안 샀거든. 그런데 인터넷에서 보니까 가격이 더 저렴하더라고.
상우	신발은 한번 신어 보고 사야 하는 거 아니야?
지영	그렇긴 하지만 디자인이나 가격이 마음에 쏙 들어서 일단 사 보려고. 나중에 안 맞으면 환불이나 교환을 할 수도 있어. 인터넷 쇼핑이 얼마나 편리한지 몰라.
상우	요즘엔 인터넷 쇼핑을 이용하는 사람이 많은데 편리하긴 하지만 좀 위험하지 않을까? 개인 정보 유출이나 상품 분실의 문제도 있잖아.
지영	그래서 나도 처음에는 인터넷 쇼핑을 망설였는데 하다 보니 편리한 데다가 가격도 쉽게 비교할 수 있어서 요즘은 자주 이용하는 편이야. 그리고 믿을 수 있는 구매 사이트에서 쇼핑하니까 안심하고 사도 돼.
상우	그렇구나. 그나저나 점심을 안 먹었더니 너무 배고프다. 우리 점심 먹으러 가자.
지영	그래. 이거 결제만 하면 되거든. 잠깐만 기다려 줘.

일단	마음에 쏙 들다	개인 정보 유출	분실
망설이다	구매 사이트	안심하다	결제

알아봅시다

1   **얼마나 –(으)ㄴ/는지 모르다/알다**

'얼마나 –(으)ㄴ/는지 모르다/알다' is used when you need to emphasize the situation in the first clause.

> 얼마나 V았/었/였는지 모르다/알아요?
> 얼마나 DV(으)ㄴ지 모르다/알아요?
> 얼마나 AV는지 모르다/알아요?

가: 학교 앞에 있는 일본 식당이 인기가 많은 것 같아요.
나: 네. 저도 어제 갔었는데 사람이 하도 많아서 **얼마나 오래 기다렸는지 몰라요**.

가: 그 드라마가 요즘 인기라면서요?
나: 아직 못 봤어요? **얼마나 재미있는지 몰라요**.

가: 목감기에 걸리면 목이 **얼마나 아픈지 알아요?** 물도 마실 수가 없어요.
나: 맞아요. 저도 목감기에 걸렸을 때 그랬어요.

가: 상우가 지영이를 **얼마나 좋아하는지 몰라**. 전화를 하루에 10번도 더 할걸.
나: 맞아. 지영이한테 푹 빠졌더라.

2   **–기는 –다/하다**

'–기는 –다/하다' is used when you admit or act that the condition in the first clause is true, but it does not meet the same conditions as previously expected. The condition in the first clause is repeated twice.

> V기는 V다/하다

가: 이 케이크 맛있지 않아요?
나: **맛있기는 맛있는데** 너무 달아서 많이 못 먹겠어요.

가: 운전면허 가지고 있죠?
나: **있기는 있지만** 오랫동안 운전을 안 해서 운전을 잘 못해요.

가: 아픈 다리는 좀 어떠세요?
나: 아직도 좀 **아프기는 한데** 많이 나았어요.

가: 전주에 가 보셨어요?
나: **가 보기는 했지만** 어릴 때 가서 기억이 잘 안 나요.

3 -았/었/였더니

'-았/었/였더니' means there are new facts or situations which differ from the facts or situations in the past. The facts or situations are causes or reasons for the result in the second clause.

AV았/었/였더니

가: 태권도하는 것을 보니까 어때요?
나: 직접 **봤더니** 더 배우고 싶어졌어요.

가: 다시 운동을 시작하셨다면서요?
나: 네. 요즘 **운동을 안 했더니** 다시 배가 나와서요.

가: 감기에 걸렸나 봐요?
나: 어제 **에어컨을 켜 놓고 잤더니** 감기에 걸린 것 같아요.

가: 벌써 점심을 먹자구요?
나: 네. **아침을 안 먹었더니** 지금 배가 몹시 고파요.

4 그나저나

'그나저나' is used when to change the topic of conversation.

그나저나

가: 오늘 날씨가 참 좋네요. **그나저나** 이번 주말에 무슨 계획이라도 있어요?
나: 네. 친구하고 영화를 보기로 했어요.

가: 한국어 공부하느라고 힘들겠어요. **그나저나** 고향에는 언제 돌아가요?
나: 한 6개월 후에나 갈 수 있을 것 같아요.

가: 일이 잘 되면 좋을 텐데. **그나저나** 지금 몇 시예요? 1시에 약속이 있거든요.
나: 12시 50분이에요. 빨리 가셔야겠어요.

가: 음식이 맛있으셨다니 다행이네요. **그나저나** 우리 다음에는 언제 만날까요?
나: 2주 후쯤이 어떨까요?

연습해 봅시다

1. 문제가 있었을 때 어떻게 했습니까? 어떤 방법으로 해결이 됐습니까?
보기와 같이 이야기해 봅시다.

보기　**배가 아프다**

가: 배가 아팠을 때 어떻게 했어요?

나: 고향에서 가져온 약을 먹었더니 괜찮아졌어요.

보기 배가 아프다	고향에서 가져온 약을 먹었다
1) 고향이 그립다	
2) 친구하고 싸우다	
3) 한국어 공부가 어렵다	
4) 친구를 많이 사귀고 싶다	

2. 두 가지를 비교하여 어느 것이 좋은지 보기와 같이 이야기해 봅시다.

보기　**여름 여행**
산 VS 바다

가: 여름에는 어디로 여행을 가는 것이 좋을까요?

나: 나무가 많은 산에 가면 얼마나 시원한지 몰라요. 산에 가 보세요.

가: 나무가 많아서 시원하기는 한데 여름에는 바다에서 수영하는 것이 좋다고 생각해요.

다: 바다에서 수영하면 좋기는 좋은데 사람도 많고 태양이 뜨거워서 더울 것 같아요.

보기
여름 여행
산　VS　바다

1) **애완동물**
고양이　VS　강아지

2) **쇼핑**
가격　VS　품질

3) **영화**
공포영화　VS　멜로 영화

4) **생활**
혼자 사는 것　VS　룸메이트와 사는 것

들어 봅시다

 08

듣기 전에 해 봅시다

1. 어떤 방법으로 쇼핑을 하고 있습니까? 같이 이야기해 봅시다.

2. 한국에서 배달 서비스를 이용한 경험에 대해서 이야기해 봅시다.

3. 다음 단어의 의미를 확인해 봅시다.

마감시간	장을 보다	품목	충동구매	덤	오히려	생생하다

듣고 해 봅시다

1. 한국 생활 중에서 가장 편리한 점은 무엇입니까?

2. 여자가 한 말로 맞는 것은 무엇입니까?

❶ 오랜만에 장을 봐서 물건을 많이 샀다.
❷ 대형마트에는 편의시설이 잘 되어 있어서 좋다.
❸ 배달 시간이 끝나서 산 물건을 직접 가지고 왔다.
❹ 불필요한 물건을 사지 않기 위해서 대형마트를 이용한다.

3. 전통시장에 대한 이야기로 맞지 **않는** 것은 무엇입니까?

❶ 무료로 물건을 더 받을 수 있다.
❷ 사고 싶은 만큼 물건을 살 수 있다.
❸ 배달 서비스를 해 주는 시장들이 생겼다.
❹ 시장 아주머니들이 마트 직원보다 친절하다.

들은 후에 해 봅시다

1. 다음은 한국에서 볼 수 있는 쇼핑 장소와 방법들입니다. 각각의 특징과 장·단점에 대해서
이야기해 봅시다.

전통시장	대형마트	백화점	인터넷 쇼핑몰	홈쇼핑

읽어 봅시다

읽기 전에 해 봅시다

1. 과거와 비교해서 현재의 주거 생활이 어떻게 달라졌습니까?

2. 일상생활에서 스마트 폰을 주로 어떤 목적으로 사용합니까?

3. 다음 단어의 의미를 확인해 봅시다.

몰다	대다	자유롭다	조절하다	유형	파악하다	쾌적하다
정화하다	인식하다	예방하다	화상	점검하다	가치	삶을 누리다

읽고 이해해 봅시다

　　"스마트 카를 몰고 집에 돌아왔다. 스마트 시계에 대고 주차명령을 내린다. 현관문 앞에서는 비밀번호를 누르는 대신 스마트 폰으로 문을 연다." 마치 SF 영화 속에서만 볼 수 있었던 미래의 모습 같지만 이제는 우리 실생활에서 볼 수 있는 시대가 되었다. 스마트 홈이란 인터넷이나 스마트 폰을 이용해서 집안에 있는 모든 가전제품들을 자유롭게 조절할 수 있는 주택을 의미한다.

　전자제품은 우리들의 일상생활에서 없어서는 안 되는 것들이다. 우리는 스마트 폰, 태블릿 PC, 카메라, 컴퓨터, TV 등 날마다 수많은 전자제품을 사용하고 있다. 특히 집은 가전제품을 가장 많이 활용하는 공간이다. 집 안에서도 집 밖에서도 원하는 대로 집안 환경을 조절할 수 있다면 편리한 일상생활을 보낼 수 있을 것이다.

　스마트 홈은 사용자의 생활 유형, 날씨, 집의 상태 등을 파악하여 집안의 환경을 쾌적하게 조절한다. 집안의 공기가 나빠지면 스스로 정화하고 TV를 본다면 TV에 맞는 조명으로 바뀌고 식사를 한다면 식사 분위기에 맞게 실내 온도와 조명이 스스로 바뀐다. 추운 겨울날 집안에 들어오면 집안이 따뜻해지기까지 시간이 필요하다. 그런데 집으로 돌아가기 전에 스마트 홈 서비스를 이용해 집안의 보일러 온도를 조절해 놓으면 들어왔을 때 따뜻함을 느낄 수 있다. 또한 아이들만 있을 때 외부에서 온도 조절은 물론이고 보일러를 켜고 끌 수 있기 때문에 안심할 수 있다.

　CCTV로 앞마당에서 놀고 있는 아이들의 모습을 전 세계 어디서나 지켜볼 수 있다. 그리고 현관 앞에 있는 사람을 자동으로 인식하는 보안 시스템으로 안전 문제를 예방할 수 있다. 집을 떠나 있을 때 손님이 방문하면 화상으로 대화를 나눌 수 있고 중요한 손님이 방문했을 때는 문을 열어 주는 것도 가능하다. 더 나아가 화장실에서는 소변검사뿐만 아니라 여러 가지 검사를 하여 건강상태를 점검한 후에 직접 의사를 만나지 않고 스마트TV로 담당의사에게 건강 상담을 받을 수 있다.

　스마트 홈은 편의, 안전, 절약이라는 3가지 생활의 가치를 제공한다. 10여 년 전에는 상상 속에서만 꿈꾸던 미래가 이제는 우리가 살아가고 있는 현실이 되었다. 스마트 홈 시대에 사는 세대는 앞으로 더 편리한 삶을 누릴 수 있을 것 같다.

1. 스마트 홈이란 무엇입니까?

2. 스마트 홈에 대한 설명으로 알맞은 것을 고르십시오.
　❶ 집안의 환경을 사용자에 맞게 스스로 바꾼다.
　❷ 담당 의사를 만나기 위해 스마트 TV로 건강을 점검한다.
　❸ 추운 겨울에 온도를 미리 조절해 놓으면 전기료를 아낄 수 있다.
　❹ 사람을 인식하는 기능이 있어서 방문하는 사람을 확인할 필요가 없다.

▌읽은 후에 해 봅시다

1. 스마트 홈이 미래의 일상생활을 어떻게 바꿀 것이라고 생각합니까?

2. 자신의 집을 스마트 홈으로 만든다고 하면 위의 내용에 어떤 것을 추가하고 싶습니까?

▌어휘를 연습해 봅시다

1. 보기 에서 알맞은 말을 골라 쓰십시오.

보기	파악하다	조절하다	예방하다	점검하다	쾌적하다

1) 사고가 나지 않도록 정기적으로 엘리베이터를 _______________ 있다.

2) 사업에 성공하고 싶으면 시장 상황을 정확하게 _______________ 한다.

3) 요즘 다이어트를 하고 있어서 먹는 음식의 양을 _______________ 있다.

4) 암을 _______________ 몸에 좋은 음식을 먹고 적당한 운동을 해야 한다.

5) 이 동네에는 작은 호수가 있고 나무가 많아서 주변 환경이 _______________.

한국의 다양한 시장

　5일장은 조선 시대에 생산자들이 일정한 날짜와 장소에 서로 물건을 교환하던 시장에서 시작되었다. 옛날에는 물건을 구매하거나 교환하는 장소일 뿐만 아니라 마을 사람들이 모여 정보를 교환하고 정을 나누던 소통의 공간이었다. 요즘에는 슈퍼마켓과 대형마트가 5일장을 대신하고 있어서 5일장이 줄어들었다. 현재에도 전국적으로 5일장이 열리고 있는데 날짜의 끝자리가 1, 6일, 2, 7일, 3, 8일, 4, 9일, 5, 10에 선다.

광장시장	경동약령시장	자갈치시장

서울시 종로구 종로 5가

100년 넘게 원단 시장으로 유명한 곳이지만 최근에는 먹거리 시장으로 유명하다.

서울시 종로구 제기동

조선 시대 아픈 사람을 돌보던 '보재원'이 있었던 곳으로 한약재를 전문적으로 파는 시장이다.

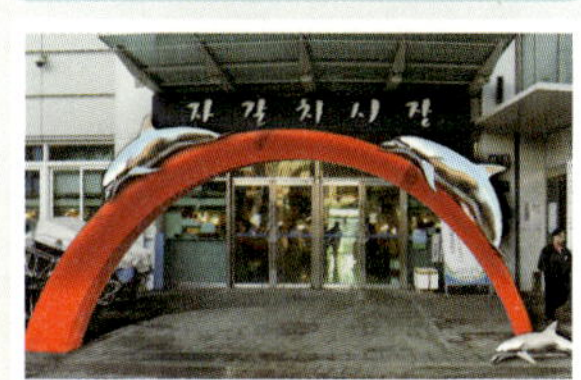

부산시 중구 남포동

부산의 대표적인 수산물 시장으로 다양한 해산물을 팔고 있으며 구입한 후 시장에서 먹을 수도 있다.

문화 차이

학습목표

문화 차이

한국	윗사람에게 물건을 줄 때 두 손을 사용한다.	
태국	아이들이나 다른 사람의 머리를 만지지 않는다.	
일본	밥그릇을 밥상 위에 놓고 먹지 않는다.	
중국	붉은 색을 좋아해서 돈이나 선물을 줄 때 붉은 봉투에 넣어준다.	
몽골	집을 방문할 때 문지방을 밟으면 안 된다.	

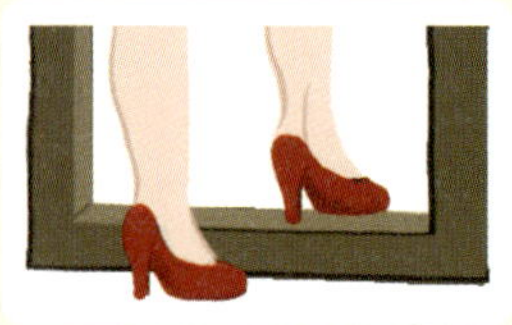

이야기해 봅시다

1. 나라마다 독특한 문화나 관습이 있습니다. 여러분 나라의 특별한 문화나 관습을 소개해 보십시오.

2. 여러분이 한국에 와서 고향의 문화와 다르지만 재미있다고 생각하는 것이 있습니까?
   또는 달라서 당황스러웠던 경험이 있습니까? 같이 이야기해 봅시다.

어휘와 표현

❈ 다음은 한국어의 과장표현입니다. 어떤 뜻일까요? 같이 생각해 봅시다.

- 배가 남산만 하다
- 간이 콩알만 해지다
- 얼굴이 주먹만 하다
- 허리가 개미허리만 하다

- 얼굴이 반쪽이다
- 손이 발이 되도록 빌다
- 눈꺼풀이 천근만근이다
- 엎어지면 코 닿을 거리이다

생각해 봅시다

❈ 재미있는 의성어 의태어입니다. 언제 사용할 수 있을까요? 여러분 나라에서는 다음과 같은 상황을 어떻게 표현합니까? 같이 생각해 봅시다.

의성어

엉엉

쿨쿨

꼬르륵꼬르륵

콜록콜록

의태어

두근두근(하다)

끄덕끄덕(하다)

싱글벙글(하다)

꾸벅꾸벅(졸다)

같이 해 봅시다

※ 유학, 여행 등과 같이 다른 문화를 경험할 때 문화가 달라서 고생한 경험이 있습니까?
같이 이야기해 봅시다.

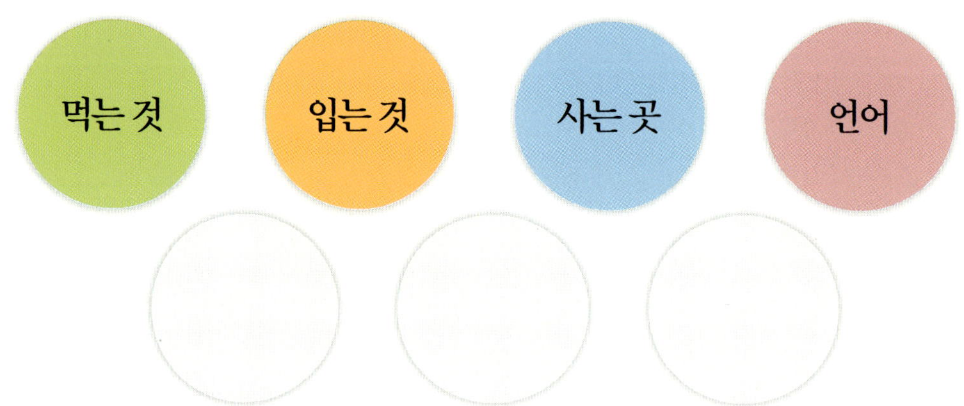

※ 문화 차이 때문에 어떤 문제가 생깁니까? 문화 차이를 극복할 수 있는 방법에 대해서 이야기해 봅시다.

문화 차이로 생긴 문제들

1) 사람들을 만나고 싶지 않고 사람을 만나도 말하고 싶지가 않아요.

2)

3)

4)

5)

극복하는 방법

1) 친한 사람들을 만나서 솔직하게 말하고 좋은 방법이 있는지 조언을 구한다.

2)

3)

4)

5)

8 배고파 죽겠어요

말해 봅시다 

지영 페이 씨, 안녕하세요? 식사하셨어요?

페이 네. 방금 먹고 오는 길이에요. 지영 씨는요?

지영 전 아직이에요. 내일까지 내야 하는 과제물을 하느라 밥 먹을 틈도 없었어요.
금강산도 식후경이라고 했는데……. 빨리 식당에 가야지. 배고파 죽겠어요.

페이 네? 죽을 정도로 배가 고파요?

지영 정말 그런 게 아니라 배가 아주 많이 고프다고요. 한국 사람들은 가끔 과장스러운
표현을 사용하기도 해요. 추워 죽겠다, 힘들어 죽겠다, 뭐 이렇게요.

페이 그렇군요. 한국에 산 지 1년이 넘었지만 한국어는 배울수록 어려운 것 같아요.

지영 살다 보면 다 알게 되기 마련이니까 너무 어렵게 생각하지 마세요.

페이 그렇지만 아직까지도 속담이나 의성어, 의태어 같은 걸 사용하기가 어려워요.

지영 한국 사람들은 말을 할 때 더 재미있고 실감나게 말하기 위해서 그런 표현을 많이
사용하는 편이에요. 힘들더라도 수업시간에 잘 배우도록 하세요.

페이 알겠어요. 그런데 실제로 그 느낌을 살려서 말하는 것은 어려운 것 같아요. 어! 이건
무슨 소리예요?

지영 어머나! 배에서 꼬르륵꼬르륵 소리가 나네요. 저 먼저 가 볼게요.

과제물	틈	과장스럽다
속담	실감나다	느낌을 살리다

알아봅시다

1 **-기 마련이다**

'-기 마련이다' indicates that the preceding action or fact is natural or reasonable. It is used to describe general rules, truths, and is frequently used for maxims and proverbs.

V기 마련이다

가: 사고로 죽은 사람들을 생각하면 너무 마음이 아파요.
나: 그런 일이 생기면 누구나 **슬프기 마련이에요.**

가: 이렇게 헤어지게 돼서 정말 섭섭해요.
나: 누구나 만나면 **헤어지기 마련이에요.** 다음에 꼭 다시 만나요.

가: 오늘은 운전면허 시험이 있는데 너무 떨려요. 잘 할 수 있을지 모르겠어요.
나: 긴장하지 말고 편하게 하세요. 너무 긴장하면 **실수하기 마련이에요.**

가: 올겨울은 정말 춥네요. 빨리 따뜻한 봄이 오면 좋겠어요.
나: 겨울이 아무리 추워도 **봄이 오기 마련이니까** 조금만 참고 기다리세요.

2 **-스럽다**

'-스럽다' means 'it looks like N', or 'it has a similar feeling to N'.

N스럽다

N스럽게 V

N스러운 N

가: 이 사진 좀 보세요. 웃고 있는 아이들이 아주 **사랑스럽네요.**
나: 그렇죠. 아이들의 웃는 모습은 보기만 해도 좋아요.

가: 한국어 발음이 많이 좋아졌네요.
나: 좋아지기는요. 아직도 **자연스럽게** 발음되지 않는 것들이 많아요.

가: 대학교 4년 동안 장학금을 받게 되었어요.
나: 축하해요. 부모님이 리사 씨를 아주 **자랑스럽게** 생각하실 거예요.

가: 제 동생은 어리지만 **어른스러운** 행동을 해서 사람들한테 칭찬을 많이 받아요.
나: 그래요? 동생한테 배울 점이 많겠어요.

3 –더라도

'–더라도' is used when one makes and assumption or yields. There is simple assumption or acceptance of the current situation in the first clause.

> V더라도

가: **다이어트를 하더라도** 식사는 해야 해요.
나: 그래요. 다이어트보다 건강이 더 중요하니까요.

가: **바쁘시더라도** 오셔서 제 결혼을 축하해 주세요.
나: 물론이지요. 꼭 갈게요.

가: 비가 오면 행사가 취소되나요?
나: 아니요. **비가 오더라도** 행사는 진행됩니다.

가: 어제는 연락도 못 드리고 정말 죄송합니다.
나: 아무리 **급한 일이 있더라도** 못 올 경우에는 전화부터 하세요.

4 속담

> 수박 겉 핥기
> 누워서 떡 먹기
> 금강산도 식후경
> 작은 고추가 더 맵다

가: 시간이 없으니까 대충 보고 시험 봐야겠어요.
나: 그렇게 **수박 겉 핥기**로 공부하면 시험 잘 보기는 어려울 텐데요.

가: 오늘은 왠지 김치찌개가 정말 먹고 싶어.
나: 내가 끓여 줄게. 김치찌개 끓이는 것은 나한테 **누워서 떡먹기**야.

가: 배가 고프니까 일단 먹고 구경할까요?
나: 좋아요. **금강산도 식후경**이라고 했는데 우선 먹읍시다.

가: 저렇게 작은 선수가 어디에서 그런 힘이 나올까요? 정말 대단해요.
나: **작은 고추가 더 맵다**고 하잖아요.

연습해 봅시다

1. 다음은 여러 가지 이유로 힘들고 속상한 상황입니다. 다음 상황에서 어떻게 말하면 좋겠습니까?
보기와 같이 이야기해 봅시다.

보기 **지난달에 할아버지가 돌아가셨다. 많이 좋아했던 분이었는데 너무 슬프다.**

보기 지난달에 할아버지가 돌아가셨다. 많이 좋아했던 분이었는데 너무 슬프다.
1) 어머니께서 자꾸 잔소리를 한다. 열심히 공부하고 있는데 더 열심히 하라고 한다.
2) 다이어트를 하느라 저녁을 안 먹고 있다. 그런데 밤이 되면 야식이 너무 먹고 싶다.
3) 남자친구와 7년 사귀었더니 남자친구를 만나도 별 느낌이 없다. 가끔은 만나는 것도 귀찮을 때가 있다.
4) 한국어를 열심히 공부했는데 별로 성적이 좋지 않다. 그러다 보니 이제 공부도 하고 싶지 않고 빨리 고향으로 돌아가고 싶다.

2. 다음의 상황에 있는 친구에게 조언을 해 주고 싶습니다. 어떻게 말하면 좋겠습니까?
보기와 같이 이야기해 봅시다.

보기 **같은 반 친구와 싸워서 학교에 가고 싶지 않다.**

보기 같은 반 친구와 싸워서 학교에 가고 싶지 않다.
1) 쉴 시간이 없을 정도로 바쁘다.
2) 친구가 약속을 어겨서 화가 나다.
3) 한국어가 어려워서 포기하고 싶다.
4) 룸메이트와 생활 습관이 달라서 힘들다.

들어 봅시다

듣기 전에 해 봅시다

1. '정'은 무엇이라고 생각합니까? 한국에서 정을 느껴본 경험이 있습니까?
같이 이야기해 봅시다.

2. 다음 단어의 의미를 확인해 봅시다.

| 독자 | 솔직하다 | 저자 | 공감하다 | 포함하다 | 미운 정 | 정서 | 객관적 |

듣고 해 봅시다

1. 버나드 씨가 오랫동안 한국에 살게 된 이유는 무엇입니까?

2. 버나드 씨에 대한 설명으로 맞는 것은 무엇입니까?

❶ 한국 사람들의 도움이 처음에는 좋지 않았다.
❷ 한국에서 영어를 공부한 후에 영어를 가르친다.
❸ 자주 싸웠던 동료한테 미워하는 마음을 가지고 있다.
❹ 한국에 처음 여행 왔을 때 한국에서 오래 살기로 결심했다.

3. 책에 대한 이야기와 맞지 **않는** 것은 무엇입니까?

❶ 외국인의 눈으로 본 한국의 모습을 썼다.
❷ 지금까지 나온 책처럼 한국의 좋은 모습을 썼다.
❸ 한국과 관계가 있는 여러 가지 주제가 들어 있다.
❹ 한국의 모습을 제대로 알고 싶은 한국 사람들도 보면 좋다.

들은 후에 해 봅시다

1. '미운 정'을 경험한 적이 있습니까? 같이 이야기해 봅시다.

2. 여러분 나라에서 중요하게 생각하는 정서가 있습니까? 같이 이야기해 봅시다.

읽어 봅시다

읽기 전에 해 봅시다

1. 사람들과 편안한 관계를 유지하기 위한 적당한 거리가 있습니까? 다음의 상황에서는 어느 정도의 거리가 적당하다고 생각합니까? 같이 이야기해 봅시다.

❶ 부탁을 할 때
❷ 동성끼리 이야기할 때
❸ 이성에게 호감을 얻고 싶을 때
❹ 회사 동료와 업무 이야기를 할 때
❺ 경찰관이 범인의 자백을 받고 싶을 때

2. 다음 단어의 의미를 확인해 봅시다.

대인	영역	확보하다	침범하다	목숨을 걸다	용납하다	유지	무의식적
거리를 두다	문화인류학	전깃줄	관계를 맺다	간격	친밀하다	공적	

읽고 이해해 봅시다

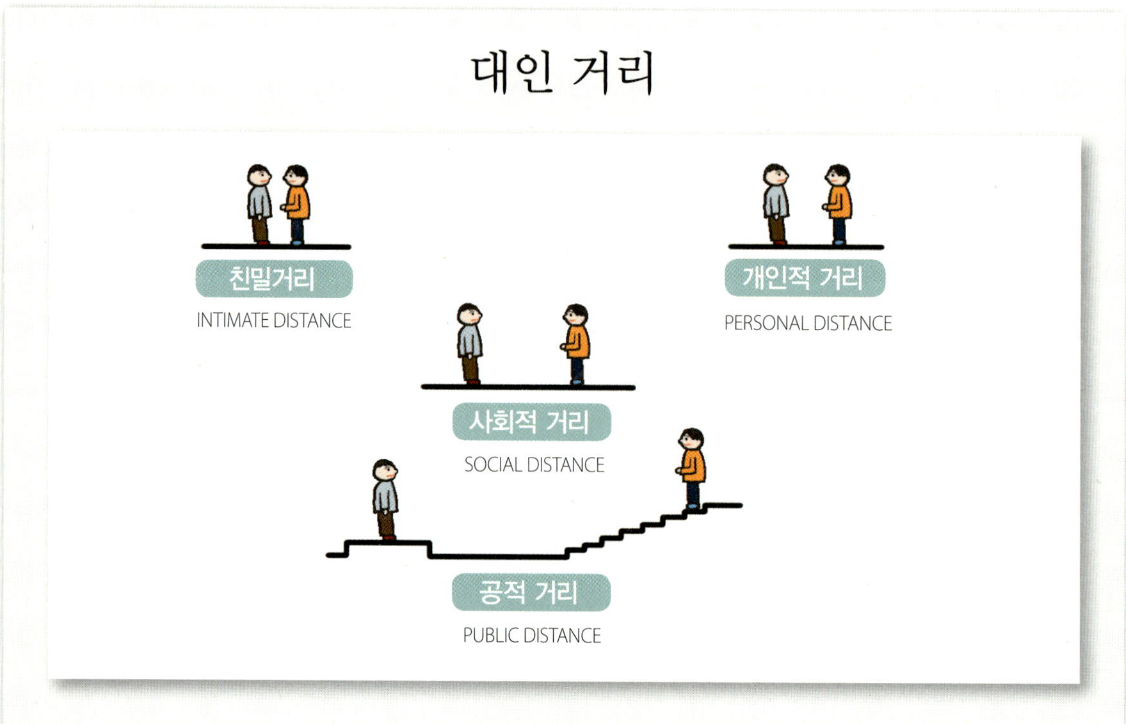

동물이든 사람이든 누구나 자신만의 개인적 공간이 있다. 동물이 자신의 영역을

확보하고 다른 동물이 침범하면 목숨을 걸고 싸우는 것처럼 인간도 그렇다. 그래서 사람은 누구나 자신만의 개인적 공간을 가지고 있으며 이 공간을 허락 없이 침범하는 것을 용납하지 않는다. 만약 이 공간을 침범 당하면 불안을 느끼게 되고 긴장하게 되기 때문에 그 공간을 지키기 위해 최대한 노력하게 된다.

사람들은 무의식적으로 다른 사람을 만날 때 편안한 거리를 유지하려고 한다. 그럼 우리는 어느 정도의 거리를 두었을 때 편안함을 느낄 수 있을까? 그 적당한 거리는 사람들이 맺고 있는 관계에 따라 달라진다. 즉 대부분의 사람들이 처음 보는 사람과 가까이 있는 것은 불편하지만 가족과 가까이 있는 것은 괜찮다고 생각한다.

미국의 문화인류학자 에드워드 홀(Edward T. Hall)은 전깃줄 위에 참새들이 일정한 간격으로 앉아 있는 것처럼 인간에게도 일정한 거리가 있다는 사실을 알아냈다. 이러한 사람들 사이의 거리를 대인 거리라고 한다. 그 대인 거리를 관계에 따라 친밀 거리, 개인적 거리, 사회적 거리, 공적인 거리 네 가지로 나누었다. 친밀 거리(45cm 이하)는 연인이나 배우자, 가족처럼 아주 가까운 관계에 있는 사람들의 거리이다. 개인적 거리(45cm~1.2m)는 친한 친구나 잘 아는 사람과 대화할 때 유지되는 거리이다. 사회적 거리(1.2m~3.6m)는 일반적인 사회생활이나 잘 알지 못하는 낯선 사람과 이야기할 때의 거리이다. 공적 거리(3.6m~7.5m)는 서로 전혀 모르는 사람과 서 있을 때 유지되는 거리이다.

그런데 이 대인 거리는 사람들의 관계뿐만 아니라 문화에 따라서도 차이가 있다. 예를 들어 중국인의 친밀한 거리는 30cm 이내로 다른 나라 사람에 비해 가까운 반면 일본인의 친밀한 거리는 한국인이나 서양인들에 비해 멀다. 또 전혀 모르는 사람과의 공적인 거리는 미국인이 아시아인보다 거리가 멀다. 이런 문화적인 거리 차이 때문에 미국인이 한국의 은행이나 화장실에서 줄을 서서 기다릴 때 앞사람과의 간격이 너무 가까워서 기분이 나쁠 수도 있다. 그리고 친한 친구 사이인데도 늘 거리를 두는 일본인이 미국인이나 중국인에게는 차갑게 보일 수 있다. 이렇게 무례하게 보이는 행동들이 사실은 예의가 없어서가 아니라 문화의 차이 때문에 생기는 오해라는 것을 기억해 두면 다른 나라 사람들을 이해하기가 훨씬 쉬워질 것이다.

1. 이 글의 내용과 같으면 O, 다르면 X 표 하십시오.

❶ 사람은 자신의 개인 공간을 지키기 위해서 노력한다.　　O　X

❷ 미국인은 전혀 모르는 사람과의 거리가 한국보다 짧다.　　O　X

❸ 사람은 무의식적으로 사람을 만날 때 편안함을 느낀다.　　O　X

❹ 일본인은 아주 가까운 관계의 사람과의 거리가 중국보다 멀다.　　O　X

2. 대인 거리에 영향을 주는 것은 무엇입니까? 두 가지를 쓰십시오.

1) ____

2) ____

읽은 후에 해 봅시다

1. 여러분 나라 사람과 한국 사람과 대인 거리가 다릅니까? 어떤 부분이 다른지 이야기해 봅시다.

2. 사람들과 대인 거리 때문에 불편한 경험을 한 적이 있습니까? 같이 이야기해 봅시다.

어휘를 연습해 봅시다

1. 보기 에서 알맞은 말을 골라 쓰십시오.

| 보기 | 확보하다 | 침범하다 | 친밀하다 | 거리를 두다 | 관계를 맺다 |

1) 운전을 할 때 어느 정도 앞 차와의 ________________ 한다.

2) 앞에서 달리던 차가 중앙선을 ________________ 크게 사고가 났다.

3) 함께 어려움을 겪은 사람과는 서로가 더 ________________ 느낀다.

4) 사람들과 ________________다가 보면 세상에는 다양한 사람이 많다는 생각이 든다.

5) 동아리 신입회원을 많이 ________________ 위해서 게시판에 모집 안내문을 붙였다.

9 나이는 숫자에 불과하잖아요

말해 봅시다

리사	지영 씨, 생일 축하해요. 이제 24살이 되었네요.
지영	고마워요. 24살이면 좋겠는데…. 벌써 25살이에요.
리사	25살이라니요? 지영 씨는 저와 동갑이잖아요. 저는 생일이 되면 24살이 되는데요.
지영	한국에서는 아기가 엄마 뱃속에 있을 때부터 나이를 세요. 그래서 다른 나라 사람들보다 나이가 한 살이 더 많은 셈이죠.
리사	그렇군요. 그런데 생일날 사람들이 미역국을 먹었냐고 물어보던데 미역국을 먹는 것에 특별한 의미가 있어요?
지영	한국에서는 어머니들이 아기를 낳으면 빠른 회복을 위해서 매일 미역국을 먹어요. 그래서 태어난 날에 미역국을 먹으며 생일을 기념하는 것이죠.
리사	그런데 지난번에 친구가 시험에 떨어졌을 때도 미역국을 먹었다고 말하던데 왜 그런 거예요?
지영	미역은 만지면 미끄럽거든요. 그래서 미역국을 먹었다고 말하면 시험에 미끄러져서 떨어졌다는 말이 되는 것이지요.
리사	한국어에는 문화가 들어있는 표현이 많다더니 정말 그렇군요. 그나저나 한 살 더 먹은 소감이 어때요?
지영	제가 스무 살이던 때가 엊그제 같은데 벌써 25살이라니 좀 슬퍼지네요.
리사	지영 씨, 너무 슬퍼하지 마세요. 나이는 숫자에 불과하잖아요. 오늘은 지영 씨의 날이니까 행복하게 보내세요.

동갑	회복	기념하다	시험에 떨어지다
미역국을 먹다	미끄럽다	미끄러지다	소감

1   -에 불과하다

'-에 불과하다' is used when it is not possible to reach certain level, but only reaches Noun level.

> N에 불과하다

가: 뭐 이렇게 큰 선물을 준비하셨어요?
나: 뭘요. 그냥 제 **작은 정성에 불과해요.**

가: 지금 하는 것은 그냥 **연습에 불과해요.** 너무 긴장하지 마세요.
나: 그렇지만 너무 떨리네요.

가: 벌써 계획을 다 세워 놓으셨네요. 대단하세요.
나: 이제 **시작에 불과한걸요.** 갈 길이 멀어요.

가: 인터넷에 우리 회사에 대해서 안 좋은 소문이 돌고 있어요.
나: 근거 없는 **소문에 불과하니까** 믿지 마세요

2   -던 때가 엊그제 같다

'-던 때가 엊그제 같다' is an expression when you feel it happened only yesterday or the day before yesterday, even though it happened a long time ago.

> V았/었/였던 때가 엊그제 같다
> N(이)던 때가 엊그제 같다
> V던 때가 엊그제 같다

가: 한국에 산 지 벌써 2년이나 됐지요?
나: 네. 제가 처음 **한국에 왔던 때가 엊그제 같은데** 2년의 시간이 정말 빨리 지나갔어요.

가: 우리 정말 오래간만이다.
나: 그러게. 우리가 **고등학생이던 때가 엊그제 같은데** 벌써 5년이 지났어.

가: 이 사진 언제 찍은 거예요?
나: 대학교 때 찍었어요. 대학교에 **다니던 때가 엊그제 같은데**….

가: 요즘 4급 공부한다면서요?
나: 한국어를 몰라서 **고생하던 때가 엊그제 같은데** 벌써 4급이 됐어요.

3 -다더니(=다고 하더니)

'-다더니(다고 하더니)' is used when a speaker repeats facts, related facts, or opposite situation, which were heard from others.

> V았/었/였다더니
> N(이)라더니
> DV다더니
> AV느/는다더니
> V(으)ㄹ 거라더니

가: 청소를 **다 했다더니** 쓰레기가 그대로 있네.
나: 다시 할게요.

가: 남동생이 **영화배우라더니** 정말 잘생겼네요.
나: 잘 생기기는요. 동생보다 더 잘 생긴 배우들이 얼마나 많은데요.

가: 오늘 **바쁘다더니** 왜 아직까지 학교에 있어요?
나: 약속이 취소되는 바람에 학교에서 공부하고 있어요.

가: 날씨가 점점 **추워질 거라더니** 정말 춥네요.
나: 네. 한국의 겨울 **날씨가 춥다더니** 정말이네요.

연습해 봅시다

1. 오래 전 일인데 어제 오늘 일처럼 느껴질 때가 있습니까? 다음의 상황에 알맞은 대화를 만들어 보기 와 같이 이야기해 봅시다.

보기 **대학 동창을 만났을 때**

가: 혹시, ○○ 씨 맞아요?

나: 네. 맞아요.

가: 와! 이런 곳에서 만나다니 정말 신기하네요.

나: 그러게요. 우리 얼마만이지요?

가: 아마 7년 만에 만나는 것 같아요.

나: 벌써 그렇게 되었나요? 같이 공부하던 때가 엊그제 같은데….

가: 시간이 정말 빠르네요. 학생 식당에서 같이 밥을 먹던 때가 엊그제 같은데요.

보기	대학 동창을 만났을 때
1)	첫사랑을 우연히 만났을 때
2)	오래간만에 친척 어른을 만났을 때
3)	초등학교 다닐 때 선생님을 만났을 때
4)	고향에 돌아가서 중학교 동창을 만났을 때

2. 보기 처럼 다음의 상황을 경험한 사람과 대화를 만들어 이야기해 봅시다.

보기 **먹어 본 한국 음식에 대한 이야기**

가: 어제 종로에 있는 유명한 떡볶이 가게에 갔다 왔어.

나: 지난달부터 간다더니 정말 갔구나! 맛있었어?

가: 응. 서울에서 제일 맛있는 가게라더니 정말 너무 맛있더라. 떡볶이는 이 가게만 한 곳이 없는 것 같아.

나: 맵지는 않았어?

가: 눈물이 날 정도로 맵다더니 생각보다 맵지 않았어.

나: 나도 먹어보고 싶다. 나도 같이 갔더라면 좋았을 걸 그랬다.

보기	먹어 본 한국 음식에 대한 이야기
1)	친구 생일 파티에 다녀 온 이야기
2)	여행을 한 후에 여행에 대한 이야기
3)	고향에 돌아가서 한국에 대한 이야기
4)	직접 만나 본 유명한 사람에 대한 이야기

들어 봅시다

듣기 전에 해 봅시다

1. 여러분 나라에서는 사람을 만나면 어떻게 인사를 합니까? 같이 이야기해 봅시다.

2. 알고 있는 재미있는 인사법에 대해서 이야기해 봅시다.

3. 다음 단어의 의미를 확인해 봅시다.

> 머리를 숙이다   종교   포옹   팔짱을 끼다   건방지다   경청하다   인정하다   흔히

듣고 해 봅시다

1. 다음의 나라들은 어떻게 인사를 합니까? 알맞게 연결하십시오.

한국 ————————————— 머리를 숙인다

태국 •   • 팔짱을 끼고 인사한다

프랑스 •   • 악수하거나 볼에 뽀뽀한다

미얀마 •   • 두 손을 기도하는 것처럼 한다

에스키모 •   • 눈으로 웃으며 웃음소리를 낸다

2. 인사에 대한 설명으로 맞지 **않는** 것은 무엇입니까?

❶ 인사는 상대방에 대한 존중이다.

❷ 인사 방법은 종교에 영향을 받는다.

❸ 인사를 통해서 좋은 인간관계를 만든다.

❹ 인사 방법이 다르면 기분 나쁘게 생각한다.

3. 남자가 한 말과 같은 것은 무엇입니까?

❶ 한국 사람들은 악수하는 것이 익숙하지 않다.

❷ 태국에 갔을 때 태국 사람처럼 인사하는 것이 재미있었다.

❸ 웃음소리를 내면서 인사를 하지 않으면 기분이 좋지 않다.

❹ 유럽 사람들은 쉬운 이동으로 비슷한 인사법을 가지게 됐다.

들은 후에 해 봅시다

1. 세계 각국의 다양한 인사법에 대해서 알아보고 소개해 봅시다.

읽어 봅시다

읽기 전에 해 봅시다

1. 한국에서 다른 사람을 부를 때 사용하는 '호칭'에 대해서 어느 정도 알고 있습니까? 자신이 알고 있는 호칭을 같이 이야기해 봅시다.

2. 다음 단어의 의미를 확인해 봅시다.

재학	응하다	기꺼이	적응하다	눈에 비치다	당황하다	헷갈리다
촌수	직급	집단주의	경향	구체적	심지어	이열치열

읽고 이해해 봅시다

외국인이 본 한국 문화

Q: 안녕하세요? 외국어대학교 대학신문 박은주 기자입니다.

안녕하세요? 저는 신문방송학과 2학년에 재학 중인 다니엘 로버츠라고 합니다.

Q: 바쁘실 텐데 이렇게 인터뷰에 응해 주셔서 감사합니다.

고맙기는요. 인터뷰 주제가 외국인이 바라본 한국 문화라고 해서 기꺼이 나왔습니다. 한국 문화에 적응하기 전까지 겪은 여러 가지 일들에 대해서 말씀드리고 싶습니다.

Q: 외국인 눈에 비친 한국의 모습은 한국 사람들이 생각하는 것과는 좀 차이가 있을 것 같습니다. 그럼 우선 한국에서 생활하면서 문화가 달라서 당황한 적이 있으면 말씀해 주시겠습니까?

한국에 온 지 아직 얼마 되지 않았을 때 호칭 때문에 헷갈린 적이 있습니다. 동아리 여자 동기가 오빠라고 부르는 사람을 소개해서 저는 당연히 그 사람이 친구의 오빠 그러니까 진짜 가족이라고 생각했습니다. 그런데 친구는 성이 이 씨인데 오빠는 최 씨라서 속으로 '아, 가족 관계가 좀 복잡한가 보다.' 이렇게 생각하고 가능하면 그 친구한테 가족 이야기는 안 했습니다. 그런데 나중에 알고 보니까 그 남자가 친오빠가 아니라 남자친구였습니다.

Q: 한국에서는 자신보다 나이가 많은 사람한테는 가족이 아니더라도 오빠나 언니, 형, 누나로 부르는 경우가 많은데 그걸 미처 모르셨나 봅니다.

네. 그렇습니다. 우리나라에서는 보통 그냥 이름을 부르는데 한국에서는 자신을 기준으로 한 촌수에 따라 친척도 다르게 부르지 않습니까? 그리고 회사에서는 사장님, 과장님 같은 직급을 호칭으로 사용하니까 좀 어려울 때가 많았습니다.

Q: 이번에는 한국 문화 중에서 좀 고쳤으면 좋겠다고 생각하는 게 있으면 말씀해 주시겠습니까?

한국에서는 무슨 일을 할 때 개인보다는 전체가 중요하다고 생각하는 집단주의 경향이 있는 것 같습니다. 저 개인적으로 이런 문화는 그렇게 좋다고 생각하지 않습니다.

Q: 좀 구체적으로 예를 들어 주시겠습니까?

모임이나 술자리에 가면 사람마다 주량이 다른데도 계속 마시라고 하거나, 특히 노래방에서 저는 음치라서 노래방에 가도 노래를 잘 안 부르는 편인데 한국 친구들은 끝까지 저한테 빨리 노래하라고 합니다. 심지어 어떤 친구들은 자기가 노래 번호를 눌러 놓고 저한테 부르라고 합니다. 아니, 왜 10명이 노래방에 가면 10명 모두 꼭 노래를 불러야 하는 겁니까? 안 부르고 싶은 개인의 자유도 좀 인정해 주면 좋겠습니다.

Q: 마지막으로 재미있다고 생각하는 한국 문화가 있습니까?

한국에서는 여름에 이열치열이라고 삼계탕 같은 뜨거운 음식을 먹지 않습니까? 저는 삼계탕을 먹으면 "앗, 뜨거워!" 그러는데, 한국 사람들은 먹으면서 시원하다고 말합니다. 삼계탕이 시원한 게 아니라 기분이 시원하다는데 저는 아직 그런 시원한 기분은 못 느끼겠습니다. 한국에서는 그런 감정 표현들이 참 재미있는 것 같습니다.

Q: 그렇군요. 오늘 인터뷰에서 좋은 이야기 많이 해 주셔서 감사합니다. 오늘 인터뷰는 다음 달 외국어대학교 대학신문에 나오니까 나중에 꼭 읽어 봐 주시기 바랍니다.

1. 남자가 한 이야기와 **다른** 것은 무엇입니까?

❶ 한국에서 살면서 한국 문화를 많이 경험했다.

❷ 한국에서는 사람의 이름보다 호칭으로 부른다.

❸ 전체가 중요한 사회에서도 개인을 존중해 주는 것이 좋다.

❹ 한국 사람을 만나면 어떤 호칭을 사용해야 할지 지금도 헷갈린다.

2. 다니엘 로버츠 씨가 한국 문화 중에서 재미있다고 말한 것은 무엇입니까?

읽은 후에 해 봅시다

1. 한국 문화 중에서 좋다고 생각하는 문화와 고치면 좋겠다고 생각하는 문화가 있습니까?
같이 이야기해 봅시다.

2. 전체가 중요하다고 생각하는 한국인의 사고방식이 일상생활에서 어떻게 나타납니까?
예를 들어서 구체적으로 이야기해 봅시다.

어휘를 연습해 봅시다

1. 보기 에서 알맞은 말을 골라 쓰십시오.

| 보기 | 기꺼이 | 심지어 | 적응하다 | 헷갈리다 | 구체적 |

1) 여름휴가 때 갈 여행 일정을 아직 _______________ 생각해 보지 않았다.

2) 동생이 새로운 직장에 잘 _______________ 있는 모습을 보니까 마음이 놓였다.

3) 친구가 자신이 만든 회사에서 같이 일하자는 제안을 _______________ 받아들였다.

4) 두 친구의 이름이 비슷해서 이름을 부를 때 늘 _______________ 실수하는 경우가 많다.

5) 요즘 회사에 일이 많아서 야근을 많이 하는데 _______________ 주말에도 나와서 일할
때가 있다.

한국의 방문화

찜질방

 '찜'은 몸을 뜨거운 모래나 물에 담가 땀을 흘려 병을 고치는 일'을 의미한다. 목욕탕에 찜질할 수 있는 뜨거운 방이 있어서 목욕뿐만 아니라 식사, 운동, 수면, 오락 등을 할 수 있는 복합 공간이다.

노래방

 한국 사람들은 기쁠 때나 슬플 때나 혹은 어울림이 필요할 때마다 노래방을 즐겨 찾는다. 노래방은 시간, 장소, 남녀노소를 불문하고 놀 수 있는 국민적 오락 장소로 자리 잡았다.

PC방

 1997년 시민들의 컴퓨터 이용의 어려움을 없애기 위해서 처음 생겼다. 그 후 인터넷 시뮬레이션 게임이 인기를 끌면서 PC방은 온라인 게임을 즐길 수 있는 최고의 오락 여가 공간이 되었다.

만화방

 만화책을 빌려볼 수 있는 곳으로 1950년대에 큰 인기를 끌었다. PC방이 유행해서 숫자가 크게 줄었으나 요즘에는 카페처럼 예쁘게 꾸민 만화방들이 다시 생겨나고 있다.

전통문화

학습목표

10
주제도입　　전통문화
같이 해 봅시다　　전통문화 조사하여 발표

11
말해 봅시다　　대보름 음식을 먹는 데 의의가 있지요
알아봅시다　　**1** –못지않다　**2** –든지
　　　　　　　　3 –에 의의가 있다　**4** –아/어/여야 제격이다

연습해 봅시다
들어 봅시다　　명절증후군
읽어 봅시다　　한국의 떡

12
말해 봅시다　　단군신화가 이런 이야기인 줄은 미처 몰랐네
알아봅시다　　**1** –에 의하면　**2** –조차
　　　　　　　　3 –마저　**4** –삼다

연습해 봅시다
들어 봅시다　　전래동화 〈흥부와 놀부〉
읽어 봅시다　　김장 문화

문화를 배워 봅시다　　국악

이야기해 봅시다

1. 여러분은 한국의 '전통문화'라고 하면 무엇이 떠오릅니까?

2. 여러분 나라의 전통 명절들을 소개하고 한국의 명절과 비교해 봅시다.

어휘와 표현

❊ 다음은 한국의 명절과 관계있는 어휘입니다. 아래 명절에 맞게 단어를 찾아 쓰십시오.

하는 것

쥐불놀이	세배	씨름	달맞이
성묘	덕담	차례	부럼
강강술래	윷놀이		

먹는 것

오곡밥	나물	송편
떡국	귀밝이술	

설날	
정월 대보름	
추석(한가위)	

생각해 봅시다

❊ 한국의 전통놀이에 대해 알아봅시다.

같이 해 봅시다

❋ 여러분 나라의 전통문화 중에서 하나를 조사하여 발표해 봅시다.

┌─ 전통문화 ─┐

전통 의상 　 전통 놀이 　 전통 음식 　 전통 가옥 　 전통 악기

보기

전통 의상	조사 내용
 〈한복〉	**1. 한복** • 한국의 전통 옷 • 여자 한복: 치마, 저고리 • 남자 한복: 바지, 저고리 • 명절 및 특별한 날 착용 **2. 장점과 단점** 1) 장점 • 품이 여유가 있어서 편하고 체형에 관계없이 입을 수 있다. • 천연섬유로 만들기 때문에 건강에 좋다. 2) 단점 • 입는 방법이 복잡하다. • 움직일 때 불편해서 실용적이지 않다.

전통 __________	조사 내용
〈　　　　　〉	**1. __________ 소개** 　 　 　 **2. 장점과 단점** 　

11 대보름 음식을 먹는 데 의의가 있지요

말해 봅시다  13

지 영 마리오 씨!

마리오 네?

지 영 제 더위 사세요.

마리오 보자마자 더위를 사라니 도대체 무슨 말이에요?

지 영 오늘이 정월 대보름이라서 마리오 씨한테 제 더위를 판 거예요. 올 여름에 제
     몫까지 더 더울 거예요.

마리오 오늘이 정월 대보름이라 달맞이를 하는 건 알고 있었지만 더위를 판다는 건 미처
     몰랐어요. 알았더라면 제가 먼저 팔았을 텐데…. 저는 더위를 많이 타거든요.

지 영 이제부터는 정월 대보름에 더위를 먼저 팔든지 누군가가 이름을 부르면 대답을
     하지 마세요.

마리오 그런데 대보름도 중요한 명절이에요?

지 영 그렇지는 않아요. 일 년 중 가장 밝은 보름달을 맞이하는 날로 예전에는 설날이나 추석
     못지않은 큰 명절이었는데, 지금이야 뭐 대보름 음식을 먹는 데에 의의가 있지요.

마리오 무슨 음식을 먹는데요?

지 영 오곡밥과 여러 가지 나물을 먹어요. 그리고 이날 땅콩과 같은 딱딱한 부럼을 깨면
     피부병에 안 걸린대요.

마리오 그렇군요. 그래서 시장에 땅콩, 호두가 많이 나와 있었군요. 그나저나 지영 씨, 저랑
     한강으로 달구경하러 갈래요?

지 영 좋아요. 그런데 달구경은 남산 같이 높은 곳에서 해야 제격이지요.

더위를 팔다   못   더위를 타다   맞이하다   딱딱하다   부럼을 깨다

알아봅시다

1   –못지않다

'–못지않다' means 'it's not worse than N'. It is used to express similar levels to Noun.

> N 못지않다

가: 요즘 한국어 실력이 부쩍 늘었네요. 이제 **한국사람 못지않아요**.
나: 아니에요. 한국 사람처럼 말하려면 아직 멀었어요.

가: 지영 씨는 요리를 잘한다면서요? 무슨 음식이 제일 자신 있어요?
나: 잡채라면 자신 있어요. **요리사 못지않은 실력**이라는 얘기를 자주 들어요.

가: 와, 그림을 **화가 못지않게** 잘 그리시네요.
나: 아니에요. 그림 그리는 게 취미라서 그냥 흉내만 냈을 뿐이에요.

가: 상우가 노래하는 거 본 적 있어?
나: 그럼. 같이 노래방에 갔는데 **가수 못지않게** 노래를 잘하더라고.

2   –든지

'–든지' indicates it doesn't matter which one you choose, when you choose one of two.
You can use 'V든지 말든지' as well.

> N(이)든지
> V든지

가: 내일 어떤 과일을 사 갈까요?
나: **사과든지 수박이든지** 둘 중에서 아무거나 사 오세요.

가: 한국 음식이 입맛에 맞아요?
나: 입맛에 맞기는 맞는데 음식들이 보통 **맵든지 짜요**.

가: 이제 고향으로 돌아가면 얼굴 보기 힘들겠네요.
나: 제가 보고 싶으면 편지를 **쓰든지** 전화를 하세요.

가: 반찬이 어제랑 똑같잖아요?
나: 반찬이 마음에 안 들면 **먹든지 말든지** 마음대로 해.

3 –아/어/여야 제격이다

'격' means standard, and '–아/어/여야 제격이다' is used when something meets the standard.

> N이/가 제격이다
> V아/어/여야 제격이다

가: 이번 연극에서 아버지 역할로 누가 어울릴까요?
나: 아버지 역할이라면 **페이 씨가 제격이지요.**

가: 저 모델이 입은 옷은 다 멋있어 보여요.
나: 역시 모델은 키가 **커야 제격인 것** 같아요.

가: 이 그림을 어디에 거는 게 좋을까?
나: 따뜻한 느낌의 그림이니까 거실 벽에 **걸어야 제격일 거** 같은데.

가: 요즘은 정장 차림에 운동화를 신는 사람들이 많아졌어요.
나: 아무리 그런 스타일이 유행이라고 해도 정장에는 구두를 **신어야 제격이지요.**

4 –에 의의가 있다

'–에 의의가 있다' is used when N has value in the action or facts in the first clause.

> AV았/었/였다는 데에 의의가 있다
> N(이)라는 것/데에 의의가 있다
> AV는 것/데에 의의가 있다
> AVㄴ/는다는 것/데/점에 의의가 있다

가: 누가 학생회장이 되었는데 이렇게 난리예요?
나: 지영 씨요. 처음으로 **여학생이 회장이 됐다는 데에 의의가 있어요.**

가: 새로 출시된 이 제품에 대해 한 말씀해 주시겠습니까?
나: 이 제품은 **세계 최초라는 점에 의의가 있습니다.**

가: 이렇게 바쁜데도 말하기 대회에 나간다면서요?
나: 네. 큰 욕심은 없고 **참가하는 것에 의의가 있다고** 생각해요.

가: 명절 때마다 교통 체증이 심한데 꼭 고향에 가야 해요?
나: 아무리 힘들더라도 명절은 가족이 **다 모이는 데에 의의가 있으니까** 꼭 가야죠.

연습해 봅시다

1. 나만의 정보를 친구에게 알려주고 그 효과에 대해 서로 이야기해 봅시다.

> **보기** **웃다/운동**
>
> 가: 다이어트를 하려고 하는데 운동 말고 더 좋은 방법이 없을까요?
>
> 나: 많이 웃는 게 운동 못지않게 다이어트에 효과가 있대요.
>
> 가: 정말요? 미처 몰랐네요.
>
> 나: 웃을 때 에너지를 많이 쓰기 때문에 운동하는 셈이래요.

	나만의 정보	효과
보기	웃다 / 운동	다이어트에 좋다
1)	/	눈에 좋다
2)	/	야경이 아름답다
3)	/	물건을 싸게 사다
4)	/	기억력이 좋아진다

2. 아래의 상황에 맞게 친구와 대화를 만들어 봅시다.

> **보기** **방학이 아주 긴데 뭘 해야 할까요?**
>
> 가: 이번 방학은 아주 긴데 뭘 해야 할지 고민이야.
>
> 나: 조금 멀리 여행을 가는 건 어때? 해외여행을 가든지 제주도에 가 봐.
>
> 가: 해외여행은 부담스럽고 여름에는 시원한 바다가 있는 제주도에 가야 제격일 것 같아. 고마워.

	고민거리	좋은 방법
보기	방학이 아주 긴데 뭘 해야 할까요?	해외여행/제주도여행
1)	친구의 스무 살 생일 선물로 뭐가 좋을까요?	/
2)	더위를 피하는 좋은 방법에는 뭐가 있을까요?	/
3)	집안 분위기를 바꾸고 싶은데 어떻게 하면 좋을까요?	/
4)	한국의 전통적인 분위기를 경험하려면 무엇을 하면 좋을까요?	/

들어 봅시다 

듣기 전에 해 봅시다

1. 여러분은 명절 때문에 스트레스를 받은 적이 있습니까?

2. 다음 단어의 의미를 확인해 봅시다.

명절 증후군	소화불량	겪다	미혼자	격려하다	예민하다

듣고 해 봅시다

1. 대화를 듣고 명절 증후군의 육체적, 정신적 증상을 써 봅시다.

명절 증후군	구체적인 증상
육체적 증상	1)
정신적 증상	2)

2. 들은 이야기와 일치하는 것은 무엇입니까?

❶ 남자는 윷놀이에서 졌기 때문에 심부름을 했다.

❷ 남자는 두통과 같은 명절 증후군 증상을 경험했다.

❸ 여자는 명절 증후군이 미혼자에게도 나타난다고 했다.

❹ 여자는 명절에 취업, 결혼과 같은 예민한 질문을 들었다.

3. 잘 듣고 써 봅시다.

> **남자:** 명절에는 가족이 모두 한자리에 모여 즐거운 시간을 1) _______________ 한국의 명절은 주부들이 감수해야 할 것이 많은 것 같아요.
>
> **여자:** 그러니 어디 명절이 즐거울 수 있겠어요?
>
> **남자:** 저도 명절이 다가오면 2) _______________ 스트레스를 많이 받아요.

들은 후에 해 봅시다

1. 명절 증후군을 줄일 수 있는 방법에는 어떤 것이 있는지 이야기해 봅시다.

2. 최근에는 명절 스트레스 때문에 명절을 없애자고 하는 사람도 있습니다. '명절을 유지해야 하는가?'라는 주제로 토론해 봅시다.

찬성	반대

읽어 봅시다

읽기 전에 해 봅시다

1. 한국의 떡 중에서 어떤 것을 알고 있습니까?

2. 다음 단어의 의미를 확인해 봅시다.

심심찮다	곡식	화합	상징하다	일꾼	본격적
신성하다	띠다	잡귀	쫓아내다	얼굴을 익히다	엿보다

읽고 이해해 봅시다

한국의 떡

한국 사람은 설날 아침이 되면 모두 떡국 한 그릇을 비우고 나이 한 살을 더 먹는다. 떡국을 먹은 만큼 나이를 먹으며 자란다. 한국은 떡과 함께 해 온 나라이다. 남녀노소가 떡을 좋아해서 속담이나 전래 동화에도 자주 등장한다. 예를 들면 '남의 떡이 더 커 보인다, 미운 놈 떡 하나 더 준다, 그림의 떡, 누워서 떡 먹기' 등과 같은 속담을 심심찮게 볼 수 있다. 또한 무서운 호랑이가 사람에게 떡 하나 주면 안 잡아먹겠다고 하는 전래동화도 있다. 뿐만 아니라 역사적으로도 한국 사람들은 자주 떡을 만들어 먹었고 특별한 날에는 절대로 빠지지 않는 음식이었다. 삼국시대 이전부터 먹어 온 떡의 종류가 200가지가 넘는다고 한다. '한국의 떡'이라는 주제로 5가지 떡의 종류와 떡을 먹는 시기, 떡의 의미를 알아보자.

먼저 떡은 곡식 가루로 만든 음식을 말한다. 떡은 혼자 먹는 것이 아니라 동네 사람들과 나누어 먹는 음식이다. 그래서 한국 사람들에게 떡은 화합과 나눔을 상징한다. 옛날부터 명절이나 특별한 날에는 모두 떡을 만들어 먹었다. 이렇게 한국 사람과 늘 함께 하는 떡은 각각 고유의 의미를 가지고 있다.

가장 큰 명절 중 하나인 설날에는 떡국을 먹는데 떡국은 희고 긴 가래떡으로 만든다. 가래떡의 흰색은 새로운 마음으로 새해를 시작한다는 것을 의미한다. 또 다른 큰 명절인 추석에는 송편을 만들어 먹는다. 송편은 한 해 동안 농사가 잘 되게 해 주신 조상님과 하늘에 감사하는 마음을 담고 있다. 옛날에는 추석에 농사를 열심히 지어 준 일꾼들에게 나이 수만큼 송편을 해 주면서 한 해 동안의 수고에 대해 고마워하고 다음 한 해도 수고해 줄 것을 부탁했다고 한다.

　　단오에는 수리취떡 또는 쑥떡을 먹는다. 수리취는 쑥과 비슷한 풀이며 단오 때 먹는 수리취나 쑥이 건강에 좋다고 한다. 이때는 본격적으로 더위가 시작되는 시기이다. 그래서 더위를 이겨낼 수 있게 가족의 건강을 바라는 마음으로 수리취떡 또는 쑥떡을 만들어 먹었다고 한다.

가래떡

송편

수리취떡

　　명절이 아닌 중요한 날에도 떡은 항상 한국 사람들과 함께 한다. 백설기는 하얀색 떡으로 깨끗하고 신성한 음식이라는 뜻을 가지고 있다. 그래서 어린이의 백일과 돌에 백설기를 쓴다. 백설기의 하얀 색깔처럼 깨끗하게 자라기를 바라는 마음을 담고 있다. 또 한국 사람들은 이사를 하든지 개업을 할 때 시루떡을 해서 이웃들에게 돌린다. 시루떡은 팥으로 만들기 때문에 붉은 색깔을 띤다. 한국의 풍습에 의하면 붉은색은 잡귀와 나쁜 기운을 막아주는 색깔이라고 한다. 따라서 시루떡을 만들어서 돌리면 잡귀도 쫓아내고 이웃에게 떡을 주면서 얼굴을 익힐 수 있어 일석이조의 효과가 있다.

　　위에서 살펴 본 것처럼 특별한 날에 먹는 떡에서 우리는 이웃과 나누어 먹던 조상들의 문화를 엿볼 수 있다. 속담에 떡이 많이 등장하는 것도 조상들의 생활 속에 떡이 늘 함께 했기 때문이라고 할 수 있다.

백설기

시루떡

1. 윗글의 내용과 맞는 것은 무엇입니까?

❶ 한국 사람들은 떡을 먹어야 나이 한 살을 더 먹는다.

❷ 한국의 속담과 전래 동화에 떡을 만드는 법이 나온다.

❸ 한국 풍습에 의하면 하얀색이 나쁜 기운을 막아준다.

❹ 한국 사람들은 특별한 날에 떡을 함께 나누어 먹는다.

2. 윗글을 읽고 특별한 날에 떡을 먹는 의미를 써 봅시다.

떡을 먹는 날	떡의 종류	떡을 먹는 의미
설날	가래떡	1)
추석	송편	2) 한 해 농사가 잘 되게 해 주신 조상님과 하늘에 감사하는 것
단오	수리취떡/쑥떡	3)
백일과 돌	백설기	4)

▎읽은 후에 해 봅시다

1. 여러분 나라에도 특별한 의미를 가진 음식이 있습니까?

2. 떡과 관련된 아래의 속담에 대해 이야기해 봅시다.

> - 그림의 떡
> - 누워서 떡 먹기
> - 남의 떡이 더 커 보인다.
> - 미운 놈 떡 하나 더 준다.

▎어휘를 연습해 봅시다

1. 보기 에서 알맞은 단어를 골라 쓰십시오.

보기	띠다	엿보다	상징하다	쫓아내다	심심찮다

1) 국기는 그 나라를 _______________ 대표적인 것이다.

2) 그 회사에 대한 이상한 소문이 _______________ 들린다.

3) 우리는 속담에서 조상들의 지혜를 _______________ 수 있다.

4) 자식 키우는 입장에서 불량배들을 동네에서 _______________ 한다.

5) 나뭇잎이 초록빛을 _______________ 사람들의 눈에 상쾌함과 편안함을 준다.

12 단군이 세운 나라가 바로 고조선이구나!

말해 봅시다

상우	리사, 모레가 개천절인데 그 날이 무슨 날인지 알아?
리사	내가 2년째 한국에 살고 있는데 그것도 모를까 봐?
상우	오, 제법인데! 그럼 한국의 건국신화인 단군신화도 알겠네?
리사	단군신화라니? 난 '단군'의 '단' 자도 모르는데.
상우	신화에 의하면 옛날 하늘나라에 환인의 아들 환웅이 살고 있었는데 환웅은 하늘나라보다 인간 세상을 다스리고 싶어했대. 그래서 하늘나라의 사람 3,000명과 풍백, 운사, 우사를 데리고 태백산에 내려와서 거기에 신시를 세웠어.
리사	그럼 환웅이 세운 신시가 지금의 한국이 된 거야?
상우	아니야. 좀 더 들어 봐. 어느 날 곰 한 마리하고 호랑이 한 마리가 환웅을 찾아와 인간이 되게 해 달라고 부탁했어. 환웅은 100일 동안 동굴 속에서 쑥과 마늘만 먹으면 인간이 될 거라고 했지. 그런데 호랑이는 일주일조차 견디지 못하고 뛰쳐나갔어.
리사	곰은 혼자 힘들었을 것 같은데 어떻게 됐어?
상우	곰은 21일 만에 예쁜 여자가 됐는데 그 여자 이름이 웅녀야. 환웅은 웅녀를 아내로 삼고 환웅과 웅녀 사이에서 단군이 태어나게 되지.
리사	그렇구나, 그 단군이 세운 나라가 바로 고조선이구나!

개천절	제법이다	다스리다	세우다	동굴
쑥	마늘	뛰쳐나가다	견디다	

알아봅시다

1 –에 의하면

'–에 의하면' is used when you make a case, facts, or standard as a basis.

N에 의하면

가: 신문에 뭐 재미있는 기사라도 났어요?
나: **기사에 의하면** 간접흡연이 직접흡연보다 건강에 더 해롭대요.

가: 아이 때 습관이 아주 중요하다고 하지요?
나: 그럼요. **속담에 의하면** 세 살 버릇이 여든까지 간대요.

가: **역사학자 말에 의하면** 남녀 성비가 깨졌을 때 큰 전쟁이 일어났대요.
나: 그래요? 남녀 성비가 전쟁하고 무슨 관계가 있나요?

가: **뉴스에 의하면** 사람이 많은 곳에 가면 안 된대요.
나: 네. 요즘 유행하는 바이러스 때문에 그런 것 같아요.

2 –조차

'–조차' means 'not only another thing but also the most basic thing', A speaker indicates an unusual extreme case.

N조차

가: 이제 한국어로 편지도 쓸 수 있겠네요.
나: 아니에요. 아직 한국어로 편지는커녕 **이름조차** 못 써요.

가: 요리를 잘한다면서요?
나: **라면조차** 끓일 수 없을 정도로 요리를 못 해요.

가: 상우 씨가 많이 아픈 것 같아요.
나: 네. 몸살감기라서 **죽조차** 먹기 힘들어 하더라고요.

가: 친구가 저를 보고 **인사조차** 안 해서 기분이 별로예요.
나: 무슨 급한 일이 있었거나 아니면 못 봤을 거예요.

3   –마저

'–마저' is used when something is added to the current situation, or something is the final component.

N마저

가: 남편분 회사가 어렵다고 들었는데 정말이에요?
나: 네. 그래서 소중한 **결혼반지마저** 팔았어요.

가: 요즘은 집에 우리 부부만 있으니까 허전해요.
나: **막내딸마저** 시집을 보내서 그렇군요.

가: 초등학교 친구들과 아직도 자주 만나니?
나: 바빠서 못 만나다가 이제는 **소식마저** 끊겼어.

가: 옛날에 전쟁이 나면 남자들 모두 전쟁터에 나가 싸웠다지요?
나: 네. 큰 전쟁이 나면 마을의 **아이들마저** 전쟁터로 나갔대요.

4   –삼다

'–삼다' is used when you think or assume 'N1' to be the same as 'N2'.

N1을/를 N2(으)로 삼다
N1을/를 N2 삼다

가: 요즘 저렇게 예의 바른 학생은 보기 드물어요.
나: 그러게 말이에요. 저 학생을 **사위로 삼으면** 딱 좋겠네요.

가: 애완견을 키우는 사람들이 점점 많아지는 것 같아요.
나: 외로운 사람들이 **애완견을 친구로 삼아** 키우는 경우가 많대요.

가: 왜 친구랑 싸우고 그래?
나: **농담 삼아** 못생겼다고 말했는데 친구가 버럭 화를 내더라고.

가: 방학 동안 무슨 일을 해 보고 싶어요?
나: **경험 삼아** 여기저기 여행을 다녀볼까 해요.

연습해 봅시다

1. 아래 상황에 맞게 대화를 만들어 봅시다.

> **보기** **친구의 결혼식에 다녀왔을 때**
>
> **가:** 결혼식장 잘 갔다 왔어요?
>
> **나:** 네. 친구 결혼식에 다녀온 후로 제 마음이 좀 쓸쓸하고 그래요.
>
> **가:** 몇 달 전까지 남자친구조차 없던 친한 친구가 결혼을 했으니 그럴 만하지요.
>
> **나:** 결혼 안 한 유일한 친구였는데 그 친구마저 결혼하고 나니 더 허전해요.

보기	친구의 결혼식에 다녀왔을 때
1)	기말 시험이 끝났을 때
2)	바빠서 장을 못 봤을 때
3)	처음으로 배낭여행을 갔을 때
4)	아무것도 모르고 유학 갔을 때

2. 아래 토론 주제에 대해 찬성 및 반대 입장을 밝히고 근거를 들어 말해 봅시다.

> **보기** **외국어 조기 교육 찬성**
>
> 저는 외국어 조기 교육에 대해 찬성합니다. 나이가 어릴수록 쉽게 외국어를 배울 수 있기 때문입니다. 전문가에 의하면 6세 이전에 어떤 외국어든지 노출만 시켜주면 그 외국어를 모국어처럼 습득할 수 있다고 합니다.

	토론 주제	근거
보기	외국어 조기 교육	전문가 의견: 6세 이전에 외국어를 모국어처럼 습득할 수 있다.
1)	교복착용	
2)	국제결혼	
3)	기숙사 통금 시간	
4)	초등학생의 스마트폰 사용	

듣기 전에 해 봅시다

1. 그림을 보고 전래동화 〈흥부와 놀부〉이야기를 만들어 봅시다.

2. 다음 단어의 의미를 확인해 봅시다.

> 욕심　심술궂다　차지하다　밥주걱　밥풀　제비　박씨　물다　부러뜨리다　빈털터리

듣고 해 봅시다

1. 들은 이야기와 일치하는 것은 무엇입니까?

❶ 놀부는 정이 많고 마음씨가 착한 사람이었다.
❷ 부모님이 돌아가시자 놀부는 흥부를 쫓아냈다.
❸ 놀부의 아내는 심술궂은 놀부와 다르게 정이 많았다.
❹ 놀부는 흥부가 준 박씨를 먹고 배가 아파서 고생했다.

2. 빈칸에 들어갈 의성어 및 의태어를 써 봅시다.

> 산처럼 쌓여 있는 많은 돈에다가 1) ＿＿＿＿＿＿＿＿ 빛나는 보석들이 2) ＿＿＿＿＿＿＿＿
> 쏟아졌어요. 아무튼 흥부는 이제 아주 큰 부자가 됐어요.

3. 흥부와 놀부의 내용에 나오는 아래 표현이 어떤 의미인지 생각해 봅시다.

1) 입에 풀칠하다: ＿＿＿＿＿＿＿＿＿＿＿＿＿＿＿＿＿＿＿＿＿＿＿＿＿＿＿＿＿

2) 배가 아프다: ＿＿＿＿＿＿＿＿＿＿＿＿＿＿＿＿＿＿＿＿＿＿＿＿＿＿＿＿＿＿

들은 후에 해 봅시다

1. 놀부가 자른 박 속에서 무엇이 나왔을까요? 결론을 상상해 봅시다.

2. 전래 동화 〈흥부와 놀부〉를 통해서 알 수 있는 교훈은 무엇입니까?

읽어 봅시다

읽기 전에 해 봅시다

1. 한국을 대표하는 음식이 무엇이라고 생각합니까?

2. 한국의 '김장문화'에 대해 여러분은 어떻게 생각합니까?

3. 다음 단어의 의미를 확인해 봅시다.

손맛	큰마음을 먹다	월동준비	공감대	형성하다	유네스코(UNESCO)
인류무형문화유산	확정되다	밝히다	전승하다	상업화	정체성 소속감

읽고 이해해 봅시다

김장 문화

외국인에게 김치는 한국을 대표하는 음식이며, 한국 사람들에게 김치는 어머니의 정이 느껴지는 음식이다. 어머니의 김치를 먹고 자란 한국의 자식들은 어머니의 손맛을 그리워하며 김치를 만들어 먹는다.

김치 만들기 체험을 해 본 외국인들은 여러 가지 재료가 하나로 합쳐지고 배추 잎 하나하나에 정성껏 양념을 바르는 것이 재미있다고 말한다. 반면에 한국 사람들은 큰마음을 먹어야 할 수 있는 복잡하고 어려운 일이라고 여긴다. 이것은 여러 사람이 모여 김장을 했던 어린 시절의 기억이 영향을 주었기 때문일 것이다.

김장은 늦가을에 가족이나 이웃이 모여서 겨울 동안 먹을 김치를 담그는 월동준비 행사이다. 김치만 있어도 반찬 걱정 없이 겨울을 보낼 수 있으니 김장은 겨울을 맞이하는 중요한 행사가 아닐 수 없다. 김장은 단순히 김치만을 만드는 것이 아니다. 가족과 이웃이 모여 대화를 나누고 공감대를 형성하는 것이다. 또한 김치를 서로 나누어 먹으며 나눔의 정신을 배우기도 한다. 2012년 문화재청 조사에 따르면 한국인의 약 90%는 직접 김장을 한다고 답했다. 바쁜 현대생활로 인해 김치를 많이 사 먹는다 해도 맛과 영양 면에서 직접 담근 김치를 따를 수 없다고 생각한다. 김장철이 되면 김장을 끝냈는지, 얼마나 했는지, 어떻게 했는지 등을 안부처럼 묻는 것만 봐도 김장은 한국 사람의 생활 속에서 빼놓을 수 없는 문화라고 할 수 있다.

　　문화재청은 2013년 12월 5일에 '김장 문화'가 유네스코(UNESCO) 인류무형
문화유산으로 최종 확정됐다고 밝혔다. 이로써 우리의 김장 문화는 전 세계적으로 함께
보호하고 전승해야 하는 문화유산으로 인정받게 되었다. 한국의 김치 자체는 상업화가 될
수 있다는 걱정 때문에 인류무형유산이 되기 어렵지만 한국의 김장 문화는 프랑스, 터키,
지중해, 멕시코, 일본 등의 전통 음식문화처럼 인류무형문화유산으로 인정한 것이다. 정식
명칭은 '김장, 한국에서의 김치 만들기와 나누기'이다. 단순히 김치를 만드는 것이 아닌 함께
김치를 담그고 나눈다는 것을 한국의 김장문화라고 표현한 것이다.

　　김장 문화는 한국 사회 공동체를 이어주는 데 큰 역할을 했고 한국인의 정체성과
소속감을 형성하는 중요한 유산이다. 하루아침에 만들어진 것이 아닌 이 문화를 잘
유지해야 할 것이다.

1. 이 글의 내용과 같으면 O, 다르면 X 표 하십시오.

❶ 김장문화의 정식 명칭은 '김치 만들기'이다.　　　　　　　　　　　　O　　X

❷ 김장은 겨울 동안 먹을 김치를 담그는 것이다.　　　　　　　　　　　O　　X

❸ 김장문화가 유네스코 인류무형문화유산에 등재되었다.　　　　　　　O　　X

❹ 김장 문화는 한국인의 정체성과 소속감을 형성하게 한다.　　　　　　O　　X

2. 김치가 인류무형문화유산이 되지 **않은** 이유는 무엇입니까?

____

읽은 후에 해 봅시다

1. 여러분 나라에도 김장문화와 같은 공동체 문화가 있는지 말해 봅시다.

2. 여러분 나라의 문화유산 중에서 어떤 것을 유네스코(UNESCO)에 올리고 싶은지 말해 봅시다.

어휘를 연습해 봅시다

1. 보기 에서 알맞은 단어를 골라 쓰십시오.

보기	월동준비	공감대	형성하다	확정되다	전승하다

1) 아들이 대학교에 합격한 것이 _______________ 사실이다.

2) 청소년기는 인격을 _______________ 데에 매우 중요한 시기다.

3) 이번 일은 세대별 _______________ 이루어지는 계기가 되었다.

4) 추운 겨울을 대비하기 위해 개인적으로 _______________ 해야 한다.

5) 이 행사는 새로운 민속놀이를 찾아서 _______________다는 데에 의의가 있다.

국악

사물놀이: 징, 북, 장구, 꽹과리 4가지 타악기로 연주되는 음악

1978년 사물놀이라는 이름을 가진 연주단에 의해 처음 소개되었고, 이후 점차 보급되면서 국내와 해외의 연주 활동을 통해 국제적인 명성을 얻게 되었다. 사물놀이는 강한 음량과 박자에서 나오는 역동감 때문에 듣는 사람을 신나게 만든다.

판소리: 소리꾼이 고수의 장단에 맞추어 몸짓과 이야기를 섞어가면서 부르는 노래

'판(넓은 무대)'과 '소리(노래)를 하다'의 '소리'가 합쳐진 말로 노래를 '소리'라고 하고 말로 장면 변화를 설명하는 것을 '아니리'라고 한다. '발림'은 노래하는 사람의 춤이나 소리를 강조하는 몸짓을 말한다. 판소리 중간에 '좋다', '얼씨구' 같은 '추임새'를 넣는다.

마당놀이: 넓은 마당에서 펼쳐지는 민속놀이

마당이라는 열린 공간에서 노래, 춤, 이야기가 펼쳐지는 공연으로 한국식 뮤지컬 형태의 놀이극이다. 마당놀이는 관객들의 흥을 돋우는 가운데 해학과 풍자를 통해서 사람들의 애환을 그리며 사회 현실을 비판하기도 한다.

환경문제

대기오염

수질오염

토양오염

학습목표

13

주제도입 환경문제
같이 해 봅시다 환경보호 포스터

14

말해 봅시다 일회용품은 환경문제의 주범이래요
알아봅시다 **1** -치고 **2** -(으)ㄴ 채(로)
3 -거든 **4** 동의표현

연습해 봅시다
들어 봅시다 빈 그릇 운동
읽어 봅시다 환경을 살리는 자전거 타기

15

말해 봅시다 야외 활동을 피하는 게 좋겠어요
알아봅시다 **1** -길래 **2** -(는)다든지 -(는)다든지
3 -는 대로 **4** -기(가) 일쑤이다

연습해 봅시다
들어 봅시다 지구 온난화로 인한 이상기후
읽어 봅시다 물 발자국

문화를 배워 봅시다 녹색성장

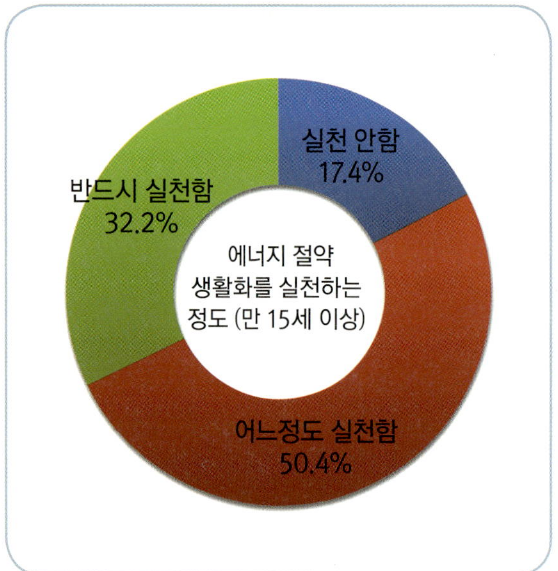

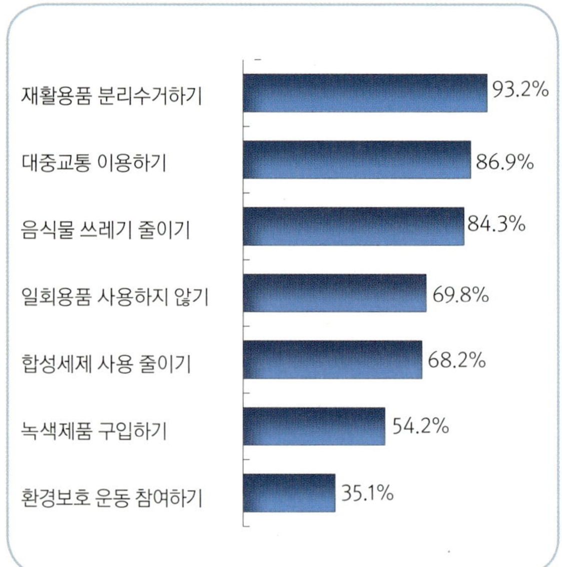

〈출처 : 통계청 '2012 사회조사' 및 서울시 '2012 서울서베이'〉

분리수거 용기 품목별 색상

이야기해 봅시다

1. 여러분 나라에서 가장 심각한 환경문제가 무엇입니까?

2. 환경문제를 해결하기 위해 여러분 나라에서는 어떤 노력을 하고 있습니까?

3. 쓰레기 분리수거에 대해 이야기해 봅시다.

어휘와 표현

✽ 다음은 환경오염 문제와 관계있는 어휘들입니다. 알맞은 단어를 찾아 쓰십시오.

지구온난화	이상기후	배기가스	이산화탄소(CO2)	일회용품
스모그	사막화	오존층 파괴	농약	미세먼지	기름 오염
생활하수	공장폐수	화학비료	산성비	쓰레기	공장 매연

대기오염	
수질오염	
토양오염	

생각해 봅시다

✽ 여러분은 환경보호를 위해 어떤 노력을 하고 있습니까?

아래 항목 중 여러분이 실천하고 있는 것에 ✅ 하세요.		
☐ 비누칠을 할 때는 샤워기를 잠근다.	☐ 제철 음식을 먹는다.	☐ 장바구니를 사용한다.
☐ 세탁 시 세제는 적당량을 사용한다.	☐ 가까운 거리는 걸어 다닌다.	☐ 자기 컵을 가지고 다닌다.
☐ 하수구에 음식물 쓰레기를 버리지 않는다.	☐ 겨울에 실내 온도를 낮춘다.	☐ 쓰레기 분리수거를 철저히 한다.

같이 해 봅시다

❊ 아래와 같이 '환경보호 포스터'를 만들어 봅시다.

〈출처: 환경부 환경포스터 2014〉

1. 6월 5일은 '환경의 날'입니다. 환경의 날에 대해 이야기해 봅시다.

2. 환경의 날을 기념하여 '환경보호 포스터'를 만들어 봅시다.
  1) 환경문제(대기오염, 수질오염, 토양오염 등) 중 하나 선택하기
  2) 선택한 환경문제의 원인과 해결방법 생각하기
  3) 환경보호 포스터 내용 정하기

14 일회용품은 환경문제의 주범이래요

말해 봅시다  17

페 이	나오카 씨, 컴퓨터를 켜 놓은 채 무슨 생각을 그렇게 하고 있어요?
나오카	신문기사를 보고 있는데 기사에 의하면 화장품 용기는 분리수거나 재활용을 할 수 없대요.
페 이	저도 며칠 전에 신문기사를 봤는데 분리수거한 쓰레기를 조사했더니 대부분이 일회용품이었대요.
나오카	요즘 사람들치고 종이컵이나 비닐봉지 같은 일회용품을 안 쓰는 사람이 어디 있겠어요?
페 이	아닌 게 아니라 저도 사용이 간편하고 버리기도 쉬워서 나무젓가락이나 비닐봉지를 자주 사용하는 편이에요. 비닐봉지 대신 장바구니를 쓰려고 노력하는데 말처럼 쉽지 않아요. 솔직히 귀찮기도 하고요.
나오카	일회용품은 환경문제의 주범이라고 할 수 있어요. 비닐봉지 같은 경우는 썩어서 자연 분해되는 데 몇백 년이나 걸린대요.
페 이	그러니까 일회용품을 사용할수록 많은 쓰레기가 생기고 그 쓰레기를 처리하기 위해서 드는 비용이나 에너지도 굉장하대요.
나오카	그뿐만 아니라 일회용품에서 나오는 환경호르몬은 여러 가지 질병을 유발한다고 들었어요.
페 이	일회용품을 줄이면 경제도 살리고 자원도 아끼고 개인 건강도 지킬 수 있겠군요.
나오카	그렇죠. 환경을 살리고 싶거든 귀찮더라도 장바구니를 가지고 다니세요.

비닐봉지　　주범　　썩다　　분해되다　　처리하다　　환경호르몬　　질병　　유발하다　　자원

알아봅시다

---

1 –치고

'–치고' means 'all of N', and it is frequently used with the 'N치고 ~(안/못)~이/가 없다', 'Subject은/는 N치고 Vst(으)ㄴ/는 편이다' or '–아/어/여요.' structure. The former means 'there's no exception for any of N', and the latter means 'Subject is an exception within N'

N치고

가: 이 세상에 시험을 좋아하는 학생이 있을까요?
나: 글쎄요. 아마 **학생치고** 시험을 좋아하는 사람은 없을 거예요.

가: 요즘 **사람치고** 스마트폰이 없는 사람이 없어요.
나: 맞아요. 심지어 폰이 두 개씩 있는 사람도 많더라고요.

가: 이 휴대폰이 마음에 들지만 가격이 너무 비싸네요.
나: 고객님, 그래도 그 상품은 **신상품치고** 가격이 싼 편이에요.

가: 유리 씨는 **외국인치고** 한국어 발음이 아주 자연스러워요.
나: 아, 그래요? 고맙습니다.

2 –(으)ㄴ 채(로)

'–(으)ㄴ 채(로)' is used when the state of preceding action does not change, but continues to the following action.

AV(으)ㄴ 채(로)

가: 어제 밤에 잘 잤어요?
나: 하도 피곤해서 옷을 **입은 채**로 자 버렸어요.

가: 감기 걸렸어요? 목소리가 좀 이상한데요.
나: 에어컨을 **켜 놓은 채**로 잤더니 감기에 걸렸나 봐요. 목이 좀 부었어요.

가: 눈을 **감은 채** 무슨 생각을 하고 있어요?
나: 아니에요. 제가 잠깐 졸았나 봐요.

가: 요즘 이것저것 실수를 하는 걸 보니 정신이 없어 보여요.
나: 아닌 게 아니라 오늘 아침에도 안경을 **낀 채**로 세수를 했어요.

3 　-거든

'-거든' indicates a condition for the action in the following clause, and the following
clause expresses a command, suggestion, or future desire.

> N(이)거든
>
> V거든

가: 선생님, 오늘 사정이 있어서 일찍 가야 될 것 같아요.
나: **중요한 일이거든** 어서 가 봐요.

가: 공부하다가 **모르는 것이 있거든** 언제든지 물어 보세요.
나: 네. 알겠습니다.

가: 공항에 **도착하거든** 전화해라.
나: 네. 도착하면 전화 할게요.

가: 어머니께 드리려고 하는데 치수가 잘 맞을지 걱정이에요.
나: 옷이 **안 맞거든** 언제든지 바꾸러 오세요.

4 　동의표현

These expressions are used when to agree with others.

상대방 의견에 동의할 때	그러게 말이다
	아닌 게 아니라
	내 말이 그 말이다
	일리가 있다

가: 입학한 지 얼마 안 된 거 같은데 벌써 졸업이네요.
나: **그러게 말이에요.** 4년이란 시간이 금방 지나갔어요.

가: 이상하게 이번 겨울은 무척 따뜻한 것 같아요.
나: **아닌 게 아니라** 요즘 이상기후 때문에 날씨가 겨울 같지 않아요.

가: 요즘 물가 상승 때문에 생활하기 힘들어요.
나: **내 말이 그 말이에요.** 아무 대책 없이 물가만 오르니 걱정이네요.

가: 지금처럼 일회용품을 많이 사용하다 보면 지구가 쓰레기로 가득 차게 될 거야.
나: 네 말이 **일리가 있긴 한데** 일회용품을 안 쓴다는 게 말처럼 쉽지 않아.

연습해 봅시다

1. 아래 상황에 맞게 친구와 이야기를 만들어 보세요.

> **보기** **식당에 온 손님과 점원의 대화**
>
> **점원:** 주문하시겠습니까?
>
> **손님:** 잠깐만요. 일행이 다 안 와서 그러는데 이따가 주문할게요.
>
> **점원:** 그럼 일행이 도착하시거든 불러 주세요.

보기	식당에 온 손님과 점원의 대화
1)	입원한 환자와 간호사의 대화
2)	선물을 고르는 손님과 점원의 대화
3)	게임을 하고 싶은 아이와 엄마의 대화
4)	약속을 미루는 여자 친구와 남자 친구의 대화

2. 아래 상황처럼 실수담을 친구들과 이야기해 보세요.

> **보기** **감기에 걸렸을 때**
>
> **가:** 최근에 감기에 걸린 적이 있어요?
>
> **나:** 창문을 연 채로 잠을 잤다가 감기에 걸린 적이 있어요.
>
> **다:** 저도 추운 날 얇은 옷을 입은 채 외출했다가 감기에 걸렸던 적이 있어요.

보기	감기에 걸렸을 때
1)	창피했을 때
2)	에너지를 낭비했을 때
3)	조심하지 않아서 위험했을 때
4)	예의를 안 지켜서 실수했을 때

들어 봅시다

듣기 전에 해 봅시다

1. 여러분은 어떤 환경보호 캠페인을 알고 있습니까?

2. 〈빈 그릇 운동〉은 어떤 캠페인이라고 생각합니까?

3. 다음 단어의 의미를 확인해 봅시다.

> 청취자　소박하다　비움　나눔　서약　동참하다　비만　성인병　보람　실천

듣고 해 봅시다

1. 빈 그릇 운동은 어떤 운동인지 잘 듣고 빈칸에 알맞은 말을 쓰십시오.

> 빈 그릇 운동은 1) _________________라는 작은 실천으로 2) _________________을 살리고
> 지구 어딘가에서 먹을 게 없어 고생하고 있는 사람들을 도와주는 3) _________________의 운동입니다.

2. 들은 이야기와 일치하는 것은 무엇입니까?

- ❶ 남긴 음식을 버리는 양이 2004년부터 증가하고 있다.
- ❷ 텔레비전 방송에서 에코붓다 회원들을 소개하고 있다.
- ❸ 동참하고 싶으면 에코붓다 홈페이지를 검색하면 된다.
- ❹ 이 캠페인은 음식물 쓰레기를 직접 처리하는 모임이다.

3. 〈빈 그릇 운동〉의 좋은 점이 **아닌** 것은 무엇입니까?

- ❶ 성인병을 치료할 수 있다.
- ❷ 적당히 먹어서 건강에 좋다.
- ❸ 어려운 이웃을 도울 수 있다.
- ❹ 음식물 쓰레기를 줄일 수 있다.

들은 후에 해 봅시다

1. 음식물 쓰레기를 줄일 수 있는 방법을 이야기해 봅시다.

2. 〈빈 그릇 운동〉처럼 음식물 쓰레기를 줄인다는 의미로 '캠페인 이름'을 만들어 봅시다.

읽기 전에 해 봅시다

1. 자전거 출퇴근의 장점과 단점이 무엇입니까?

2. '자전거 에코 마일리지'가 무엇이라고 생각합니까?

3. 다음 단어의 의미를 확인해 봅시다.

에코(Eco)	녹색교통	혜택	생활권	지급하다	앱(App)	설치하다
포인트(Point)	온실가스	달하다	성과	취지	후원	서버(Server)

읽고 이해해 봅시다

환경을 살리는 자전거 타기
자전거 ECO 마일리지

자전거 에코 마일리지는 2011년 '녹색교통'이라는 시민단체에서 생활 자전거 이용자들에게 혜택을 주기 위해 만든 것입니다. 각자의 생활권 내에서 이동을 자전거로 할 경우 그 혜택으로 일정량의 마일리지를 지급해 주는 제도입니다. 마일리지를 쌓으려면 '녹색교통'에서 개발한 앱을 스마트폰에 설치한 후 자전거를 탈 때마다 켜놓고 다니면 됩니다. 이렇게 쌓은 마일리지는 포인트에 따라서 다양한 자전거 용품으로 교환할 수 있습니다.

주변에 생활 자전거를 타는 사람들이 있습니다. 예를 들면 매일 아침 복잡한 도심에서 자동차 대신 자전거로 출근하는 직장인과 통학하는 학생들, 그리고 5km이내의 마트나 은행과 같은 생활권을 자동차나 버스가 아닌 자전거로 이동하는 사람들을 말합니다. 또한 경우에 따라서는 환승을 위해 지하철역 자전거 보관소에 자전거를 세워놓고 다니는 사람들도 포함됩니다. 이들이 자전거를 타는 목적은 다양하지만 어쨌든 누구보다도 열심히 환경을 지키는 환경 운동가입니다. 그런데 이들이 아무리 자전거를 열심히 타도 누구 하나 알아주지 않습니다. 이제는 자전거를 이용하는 사람들이 혜택을 받아야 한다고 생각합니다. 여러분이 생활 자전거를 타는 사람이라면 자전거 에코 마일리지 앱을 스마트폰에 저장하여 포인트를 쌓기 바랍니다.

2014년 한 해 동안 자전거 에코 마일리지를 조사했습니다. 조사결과에 의하면 6,415명이 참여하였고 자전거를 이용한 총 이동거리는 285만 km로 지구 약 71바퀴를 돌 수 있는 거리였습니다. 또한 온실가스인 이산화탄소의 양이 627만 6천 kg으로 많이 줄었는데 이것은 2년생 소나무 약 12만 그루를 심는 효과와 같습니다. 승용차 대신 자전거를 이용하여 총 26만 5천 ℓ 의 기름이 절약되었고 이것을 돈으로 계산하면 약 4억 2천만 원에 달하는 것으로 나타났습니다. 한 해 동안 운영한 자전거 에코 마일리지의 성과는 눈에 띄게 컸습니다.

이렇게 자전거를 타는 환경 운동가들에게 더 많은 혜택을 주기 위해 '녹색교통'에서는 모금 캠페인을 진행하고 있습니다. 이 취지에 공감하시면 많이 참여해 주시기 바랍니다. 지금은 생활 자전거 타기를 실천하고 있지 않더라도 생활 자전거 타기가 확대되기를 바라고 그들에게 혜택을 주고 싶다면 홈페이지에 방문해 주시기 바랍니다. 여러분이 많이 참여할수록 후원금도 많아집니다. 후원금은 자전거를 타는 환경운동가에게 자전거 용품을 제공하는 데 쓰이거나 자전거 마일리지 앱 및 서버 운영에 사용될 것입니다.

1. 자전거 에코 마일리지에 대한 설명으로 맞지 **않는** 것은 무엇입니까?

❶ 시민단체인 녹색교통에서 만든 것이다.

❷ 마일리지 포인트에 따라 스마트 폰에 앱을 설치한다.

❸ 앱을 켜놓고 자전거를 타면 마일리지를 쌓을 수 있다.

❹ 출퇴근을 자전거로 하는 사람들에게 마일리지를 준다.

2. 모금 캠페인에 대한 설명으로 맞는 것은 무엇입니까?

❶ 이 캠페인 후원금은 4억 2천만 원이다.

❷ 모인 후원금은 자전거를 사는 데 사용된다.

❸ 생활 자전거를 타지 않는 사람은 참여할 수 없다.

❹ 동참하고 싶으면 녹색교통 홈페이지를 이용하면 된다.

읽은 후에 해 봅시다

1. 여러분은 마일리지 서비스의 효과가 무엇이라고 생각합니까?

2. 여러분은 자전거 에코 마일리지 운동에 동참하고 싶습니까?

어휘를 연습해 봅시다

1. 보기 에서 알맞은 단어를 골라 쓰십시오.

보기	혜택	생활권	성과	후원	취지

1) 어려운 사람들을 돕는다는 _______________ 이 일을 시작했다고 했다.

2) 이번 행사가 큰 _______________ 없었지만 회사에 대한 홍보는 되었다.

3) 땀 흘려 일하는 사람들에게 더 많은 _______________ 돌아가야 한다.

4) 교통과 통신의 발달은 세계를 하나의 _______________ 만들고 있다.

5) 이름을 밝히지 않는 사람들의 _______________ 고아원을 운영하고 있다.

 15 야외 활동을 피하는 게 좋겠어요

말해 봅시다 🎧 19

지 영 대기정보에서 외출 시 마스크를 쓰라고 해서 쓰고 왔는데 줄리앙 씨는 안 쓰고 왔네요?

줄리앙 안 그래도 사람들이 마스크를 쓰고 다니길래 이상하다고 생각했어요. 대기정보가 뭐예요?

지 영 환경부에서 국민의 건강을 위해 대기오염 정도를 예보해 주는 서비스예요.

줄리앙 미세먼지와 황사 때문에 호흡기 질환이 생긴 사람들이 많다고 듣기는 했어요. 그런데 예보를 해 준다는 것까지는 미처 몰랐어요.

지 영 대기정보 지도에 네 가지 색깔이 있는데 대기오염 정도를 보여 주는 거예요. 오늘처럼 노란색이면 미세먼지와 황사가 심하니까 야외 활동을 자제하거나 외출 시에는 마스크를 써야 해요.

줄리앙 목이 아픈 걸 보니 지영 씨가 말한 대로 오늘은 야외 활동을 피하는 게 좋겠어요. 그나저나 산업화와 도시화가 진행될수록 대기오염이 심해질 텐데 큰일이에요.

지 영 대기오염은 자동차 배기가스와 공장의 매연이 가장 큰 문제라서 나라마다 오염 물질 배출 한도가 있대요.

줄리앙 나무를 심는다든지 대중교통을 이용한다든지 이렇게 하는 것도 큰 도움이 될 거예요.

지 영 저는 가까운 거리도 차를 타고 다니기 일쑤인데 걸어 다니도록 노력해야겠어요.

줄리앙 네. 환경을 위해 작은 것부터 실천하는 게 중요한 것 같아요. 그리고 깨끗한 환경은 자손들에게 물려줄 최고의 유산이잖아요.

대기정보	예보하다	황사	호흡기 질환	자제하다	산업화
도시화	배출	한도	자손	물려주다	유산

알아봅시다

1   -길래

'-길래' is used to express a reason or cause in the first clause for the speaker's action in the following clause, The first person is not allowed to appear in the first clause, only an unintended cause is shown. On the contrary, the first person may be used in the second clause, but suggestion or commands may not be used.

> AV았/었/였길래
> N(이)길래
> V길래
> V다/냐/자/라길래

가: 왜 혼자 밥을 먹었어?
나: 다들 벌써 **먹었길래** 혼자 먹었지.

가: 무슨 옷을 그렇게 많이 샀어요?
나: 세일 **기간이길래** 많이 사게 됐어요.

가: 어제 왜 그렇게 일찍 가셨어요?
나: **피곤하길래** 일찍 퇴근했어요.

가: 왜 이렇게 늦었어? 지금 몇 시야?
나: 길이 **막히길래** 지하철로 갈아타느라고 늦었어. 미안해.

2   -(는)다든지 -(는)다든지

When giving various examples where no choice is necessary, then '-다든지 -다든지' is used.

> N(이)라든지 N(이)라든지
> DV다든지 DV다든지
> AVㄴ/는다든지 AVㄴ/는다든지

가: 감기에 걸렸을 때는 무엇을 먹으면 좋지요?
나: **배라든지 레몬이라든지** 비타민C가 풍부한 과일을 먹어 보세요.

가: 그 영화에 대해서 **슬프다든지 재미있다든지** 뭐 그런 느낌을 말해 주세요.
나: 보기 전에는 재미있을 줄 알았는데 생각보다 슬프더라고요.

가: 한국어를 잘하려면 어떻게 해야 할까요?
나: **한국 친구와 논다든지 한국 영화를 본다든지** 재미있는 방법으로 해 보세요.

가: 혼자 있을 때는 주로 뭘 하세요?
나: **책을 읽는다든지 음악을 듣는다든지** 조용하게 시간을 보내요.

3 ─는 대로

'─는 대로' is used to show that the action in the second clause is done according to the first clause.

N대로
AV(으)ㄴ/는 대로

가: 어제 무슨 일이 있었는지 말해 보세요.
나: 그럼 **사실대로** 말씀 드릴게요.

가: 환경 캠페인에 동참한다더니 **계획대로** 잘 진행되고 있어요?
나: 노력은 하는데 **마음먹은 대로** 잘 안 돼요.

가: 여러분, 제가 **하는 대로** 따라해 보세요.
나: 네. **가르쳐 주시는 대로** 해 보겠습니다.

가: 상담원한테 **들은 대로** 이야기해 보세요.
나: 죄송하지만 너무 빨라서 제대로 못 들었어요.

4 ─기(가) 일쑤이다

'─기(가) 일쑤이다' means something happens frequently or something goes as usual. It is used when an action with a negative meaning is often repeated.

AV기(가) 일쑤이다

가: 얼굴이 반쪽이 되었네요. 무슨 일 있어요?
나: 요즘 시험 준비를 하느라 **밤을 새우기 일쑤였거든요**.

가: 여자 친구하고 요즘도 자주 싸우니?
나: 아니. 전에는 **싸우기가 일쑤였는데** 요즘은 사이가 좋아졌어.

가: 차가 **고장 나기 일쑤라서** 새로 장만해야겠어요.
나: 자주 점검을 받으면 더 탈 수 있을 텐데요.

가: 줄리앙 씨는 아직 안 왔어요?
나: 늦게 오겠죠. **지각하기 일쑤잖아요**.

연습해 봅시다

1. 다음의 상황에 맞게 친구와 이야기해 봅시다.

> 보기 **요즘 자주 지각해요.**
>
> 가: 요즘 지각하기 일쑤라서 걱정이야.
>
> 나: 그래? 밤에 일찍 잔다든지 알람을 더 일찍 맞춘다든지 좀 더 노력해 봐.
>
> 가: 응. 네가 가르쳐준 대로 해 볼게. 고마워.

보기	요즘 자주 지각해요.
1)	요즘 툭하면 화를 내요.
2)	밤만 되면 야식을 먹어요.
3)	요즘 너무 바빠서 자주 굶어요.
4)	조금 전에 한 것을 금방 잊어버려요.

2. 다음의 상황을 선택하여 〈내 탓이 아니에요〉로 역할극을 만들어 봅시다.

> 보기 **영화를 같이 보자고 약속했는데 친구가 먼저 봤을 때**
>
> 가: 다음 주말에 같이 영화를 보기로 해 놓고 벌써 봤단 말이야?
>
> 나: 미안해. 그 영화를 보려고 한 게 아니었는데…….
>
> 가: 어쨌든 먼저 봤다니까 서운해.
>
> 나: 동생이 영화표가 생겼다고 같이 보자길래 어쩔 수 없이 봤어.

보기	영화를 같이 보자고 약속했는데 친구가 먼저 봤을 때
1)	용돈이 부족하여 부모님께 용돈을 더 달라고 할 때
2)	집에 매일 늦게 들어오는 남편 때문에 아내가 화가 났을 때
3)	집에 운동화가 많은데도 계속 운동화를 사는 아들을 혼낼 때
4)	수업시간에 휴대폰만 보고 있는 학생에게 선생님이 야단을 칠 때

들어 봅시다

듣기 전에 해 봅시다

1. 지구온난화의 원인과 현상에 대해 말해 봅시다.

2. 다음 단어의 의미를 확인해 봅시다.

잠기다	해수면 상승	강수량	건조하다	집중호우	한파

듣고 해 봅시다

1. 들은 이야기와 일치하는 것은 무엇입니까?

❶ 겨울철 한파가 이상기후 중에서 가장 심각한 문제이다.
❷ 투발루는 지난여름 집중호우 때문에 바닷속에 침수되었다.
❸ 지구온난화 현상으로 각 나라마다 강수량이 많아지고 있다.
❹ 지구온난화 때문에 빙하가 녹아서 북극곰들이 살기 힘들다.

2. 지구온난화의 원인은 무엇입니까?

3. 환경보호를 위해 남자의 생각과 **다른** 것은 무엇입니까?

❶ 겨울철 난방 절약을 위해 옷을 따뜻하게 입는다.
❷ 정부의 적극적인 대책이 있을 때까지 기다려야 한다.
❸ 이산화탄소의 양을 줄이기 위해 버스 대신 걸어 다닌다.
❹ 한 사람 한 사람의 작은 행동이 모이면 큰 도움이 된다.

들은 후에 해 봅시다

1. 최근 뉴스에서 들은 이상기후에 대해 이야기해 봅시다.

2. 지구온난화를 막기 위해 우리가 할 수 있는 일을 이야기해 봅시다.

읽어 봅시다

읽기 전에 해 봅시다

1. 세계 물의 날(3월 22일)을 정한 이유에 대해 생각해 봅시다.

2. 커피 한 잔을 만드는 데에 물이 얼마나 필요하다고 생각합니까?

3. 다음 단어의 의미를 확인해 봅시다.

개념	폐기	소비	저장	유통	드러나다	가상
경각심	거래	재배	가공	힘을 기울이다		

읽고 이해해 봅시다

물 발자국

최근 물을 절약하기 위해서 '물 발자국'이라는 개념을 사용하고 있다. 물 발자국(Water footprint)은 우리가 일상생활에서 사용하는 제품을 생산부터 폐기할 때까지 직·간접적으로 소비하면서 오염시키는 물의 양을 의미한다. 이것은 2002년 네덜란드의 아르옌 훅스트라(Arjen Y. Hoekstra) 교수가 인구 증가와 생활수준 향상으로 물 소비와 수질오염 속도가 점점 빨라지는 것에 대해 심각성을 느끼고 생각해 낸 것이다. 그는 2009년에 물 발자국을 직접적인 물과 간접적인 물 사용에 따라 블루(Blue), 그린(Green), 그레이(Gray) 세 가지로 구성하였다. 예를 들면 그린 물 발자국은 토양에 저장된 빗물의 양이며 블루 물 발자국은 생산하기 위해 사용한 물의 양, 그레이 물 발자국은 생산으로 오염된 물의 양이다. 그러므로 물 발자국의 크기로 물 부족 현상과 수질오염에 개인이 얼마나 많은 피해를 주는지 구체적으로 판단할 수 있다.

그렇다면 물 발자국의 크기는 어떻게 계산할 수 있을까? 우리가 씻고 마시는 데 사용하는 물보다 생산·유통하는 과정에서 사용되는 보이지 않는 물의 소비가 훨씬 많다.

이렇게 눈에 쉽게 드러나지 않는 물을 가상의 물(Virtual water, 假想水)이라고 한다. 가상의 물은 1980년대 영국의 토니 앨런(Tony Allan) 교수가 물에 대한 경각심을 높이기 위해 만들어 낸 개념이다. 가상의 물은 거래가 가능한 거의 모든 제품에 포함되어 있기 때문에 우리는 이미 일상적으로 물을 거래하고 있는 셈이다. 가상의 물 사용량에 실제 눈에 보이는 물의 사용량을 합하면 한 개인이 사용한 물의 총량을 알 수 있다. 예를 들면 우리가 물 한 컵을 마신다고 가정하였을 때 마신 물 한 컵과 그 물을 마시기 위해 사용된 컵을 만들 때 사용된 물을 포함한 것이 바로 우리가 사용한 물의 총량이다.

우리가 매일 마시는 커피! 그 커피 한 잔을 만드는 데 물이 얼마나 필요할까? 재배된 커피가 가공되어 우리의 손에 전달되기까지 평균 132ℓ의 물이 들어간다. 예를 들면 커피 한 잔 (125㎖)의 1056배의 물이 소비된다. 이런 식으로 계산하면 초콜릿 1kg에 사용되는 물의 양은 1만 7천196ℓ이다. 1kg의 쇠고기를 생산하는 데는 1만 5천415ℓ의 물이 소비된다. 돼지고기 1kg에 5천988ℓ, 쌀 1kg에 2천497ℓ, 빵 1kg에 1천608ℓ의 물이 필요하다. 다시 말해서 우리가 일상생활에서 직접적으로 마시고 사용하는 물보다 옷이나 음식 등 모든 종류의 제품을 생산할 때 더 많은 물이 사용되고 있다는 것이다.

요즘 세계적으로 물 부족 현상이 심각한 상황이다. 지금처럼 물을 아무 생각 없이 사용할 경우 머지않아 돈을 주고도 물을 살 수 없는 날이 올지도 모른다. 그러므로 우리는 지금부터라도 물 절약에 온 힘을 기울여야 한다.

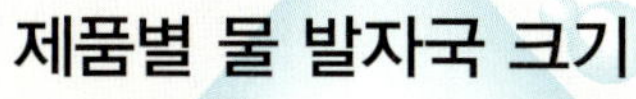

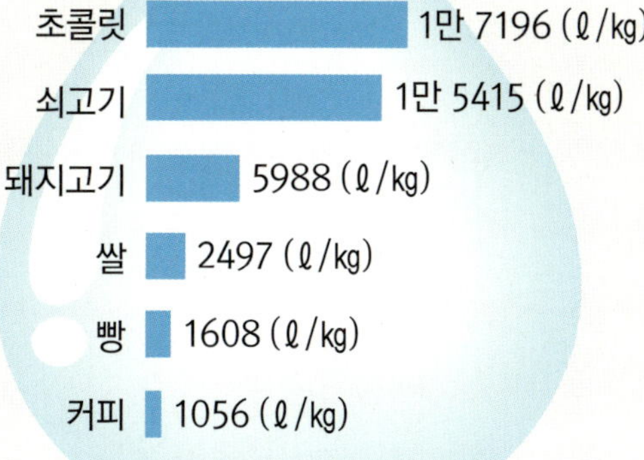

〈자료: KEI〉

1. 이 글의 내용과 같으면 O, 다르면 X 표 하십시오.

❶ 물 발자국은 제품의 생산에서 폐기까지 소비되는 물의 총량이다.　　O　X

❷ 쇠고기 1kg의 물 발자국이 초콜릿 1kg의 물 발자국보다 더 크다.　　O　X

❸ 직접적으로 사용하는 물보다 제품 생산할 때 물이 더 많이 사용된다.　　O　X

❹ 생산과 유통하는 과정에서 드러나지 않는 물을 가상의 물이라고 한다.　　O　X

2. 윗글의 내용과 일치하지 **않는** 것은 무엇입니까?

❶ 토양에 저장된 빗물은 그레이 물 발자국이다.

❷ 아르옌 훅스트라 교수가 물 발자국을 생각해 냈다.

❸ 토니 앨런 교수가 가상의 물이라는 개념을 만들었다.

❹ 블루 물 발자국은 제품을 생산하기 위해 사용한 물이다.

읽은 후에 해 봅시다

1. 여러분은 물을 절약하기 위해 어떤 것을 실천하고 있습니까?

2. 물 발자국 홈페이지(http://waterfootprint.org)에서 여러분이 사용하는 하루 물 소비량을 계산해 봅시다.

어휘를 연습해 봅시다

1. 〈보기〉에서 알맞은 말을 골라 쓰십시오.

보기	소비하다	기울이다	거래하다	재배되다	가공되다

1) 정교하게 ＿＿＿＿＿＿ 보석은 더 가치가 있다.

2) 이제 그 은행과 ＿＿＿＿＿＿ 일은 없을 것이다.

3) 이 과일은 비닐하우스에서 ＿＿＿＿＿＿ 것이다.

4) 이 그림은 온 힘을 ＿＿＿＿＿＿ 만든 작품이다.

5) 별로 중요하지 않은 일에 많은 에너지를 ＿＿＿＿＿＿ 후회된다.

녹색 성장

온실가스와 환경오염을 줄이는 지속가능한 성장

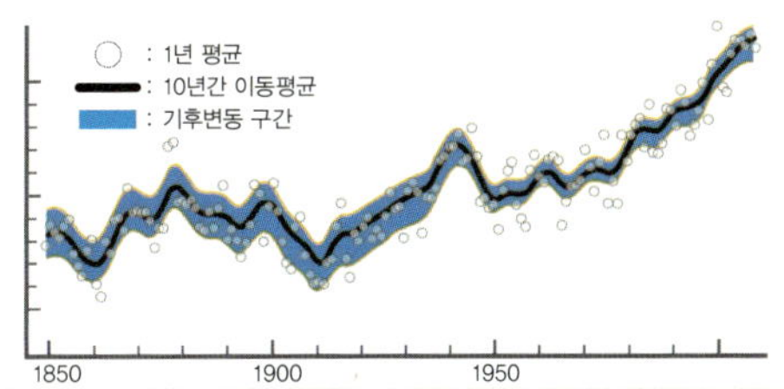

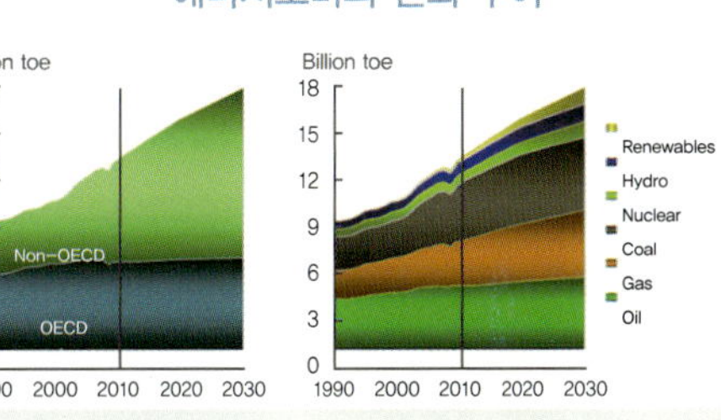

지구온난화로 인한 환경 위기가 심각하고 이로 인한 경제적 손해가 매년 늘어나고 있다. 또한 전 세계의 에너지는 자원이 고갈되고 있고 에너지 과다 사용으로 온실가스 배출량 역시 증가하고 있다. 경제 위기를 해결하고 에너지 자립도를 높이기 위해 선진국을 중심으로 녹색성장에 대한 관심이 높아지고 있다.

녹색 성장을 위한 실천

1. 저탄소제품 개발

1단계인 '탄소배출량 인증' 후 탄소배출량이 적은 경우 2단계인 '저탄소제품 인증'을 받게 된다. 그 후 제품에 라벨로 붙여서 소비자에게 공개한다.

2. 재생에너지 개발

재생에너지는 화석연료를 대체할 수 있는 무공해 에너지로 온실가스를 줄일 수 있는 대안이 되고 있다. 재생에너지에는 태양광, 풍력, 수력, 지력 등이 있다.

3. 녹색도시 조성

나무심기 운동을 통해 도시 산림 환경을 개선하여 쾌적한 녹색도시를 조성한다.

VI

취미 생활

학습목표

16

취미 생활

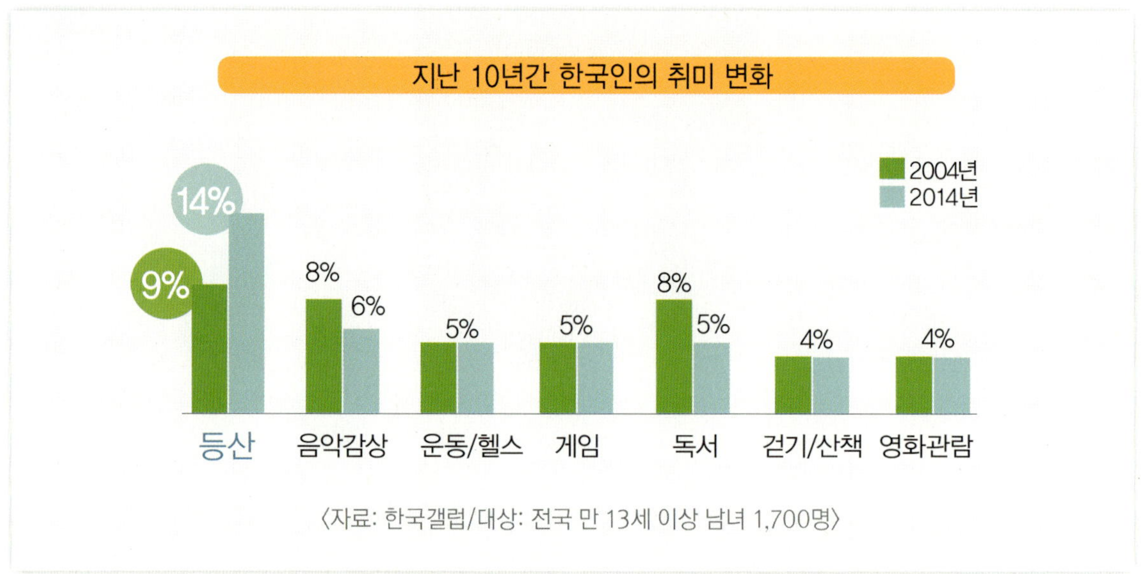

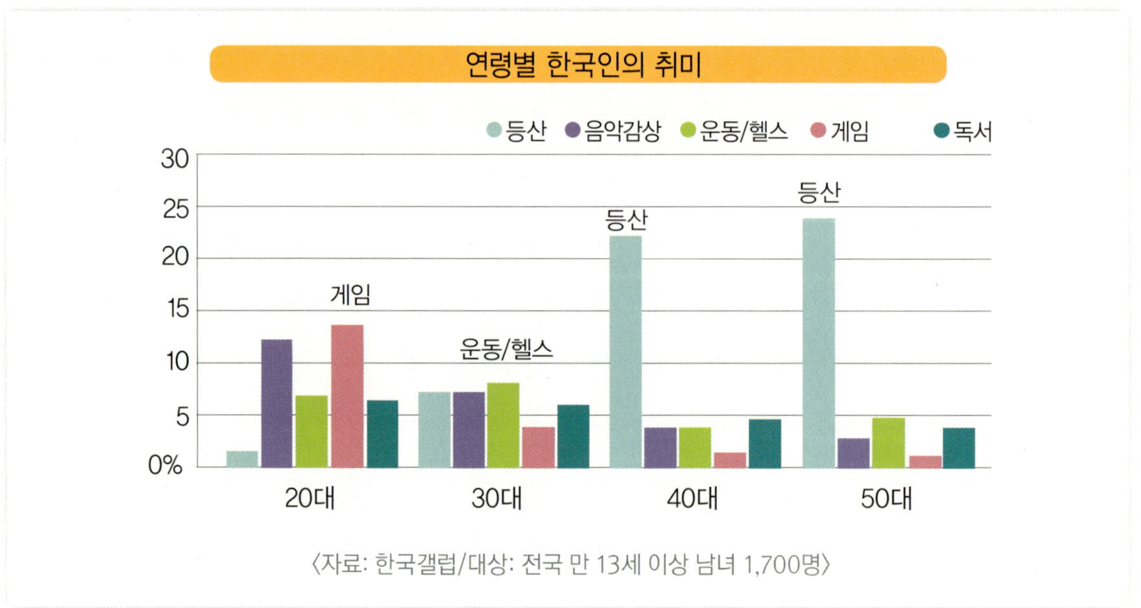

이야기해 봅시다

1. 위의 〈도표〉를 보고 한국 사람들이 좋아하는 취미에 대해서 이야기해 봅시다.

2. 여러분 나라의 사람들은 어떤 취미를 즐겨하는지 이야기해 봅시다.

어휘와 표현

❋ 다음은 취미 생활과 관계있는 어휘입니다. 다음 어휘에 대해 알아봅시다.

모임	가입 정기 모임 회원 회장 탈퇴 동호회
시간	여가 시간 격주 대체 휴일 주 5일제 휴가
목적	재충전 기분 전환 스트레스 해소 자기 계발 건강 증진 자기 만족

생각해 봅시다

❋ 여러분은 여가 시간에 어떤 활동을 합니까? 각 활동에 대해 이야기해 봅시다.

취미활동

스포츠활동

봉사활동

종교활동

같이 해 봅시다

❈ 다음의 '이색 취미'에 대해 이야기해 봅시다.

자격증 따기

촬영장 찾아다니기

동물캐릭터 물건 수집

❈ 여러분이 알고 있는 '이색 취미'를 소개한 후 써 봅시다.

보기 자격증 따기

제 친구는 자격증을 따는 게 취미입니다. 공부를 해서 그 분야에 관련된 자격증을 따면 성취감과 가능성을 확인할 수 있어 좋다고 합니다. 그래서 제 친구에게는 문화해설사, 반려동물관리사, 중식요리사 등 많은 자격증이 있습니다. 그냥 보기에는 좋은 취미 같아 보입니다. 하지만 필요한 자격증이 아닌데도 고생하면서 따는 것을 보면 이상해 보입니다.

 17 제가 이래봬도 등산 동호회 회장이에요

말해 봅시다 🎧21

지영 　상우 씨, 등산복 차림을 보니 오늘 모임이 있는 날이군요.

상우 　동호회 모임이 격주로 있는데 오늘은 설악산 대청봉에 갈 거예요.

지영 　설악산이 아름답긴 하지만 등산길이 만만치 않다고 들었어요.

상우 　문제없어요. 제가 이래봬도 등산 동호회 회장이에요.

지영 　그렇군요. 한국 사람들은 상우 씨처럼 등산을 하면서 여가를 즐기는 사람이 많은 것 같아요. 저는 걷는 것을 싫어해서 반쯤 올라가다가 포기할 게 뻔해요.

상우 　저도 처음에는 정상은커녕 등산 동호회 가입조차 꿈도 못 꿨어요.

지영 　상우 씨가 어떻게 등산에 재미를 붙였는지 궁금해요.

상우 　특별한 것은 없어요. 동호회 회원들과 즐겁게 오르다 보니 산과 친해졌어요. 산 정상까지 가는 과정이 비록 힘들다 해도 위에서 내려다보는 그 경치와 기분은 말로 표현할 수 없을 정도라니까요.

지영 　갑자기 저도 그 기분을 느껴보고 싶고 메아리 소리도 듣고 싶네요.

상우 　다음 모임 때 저와 같이 도전해 볼래요?

지영 　제가 잘 올라갈 수 있을지 걱정이지만 용기를 내 볼게요.

상우 　걱정할 게 뭐 있나요? 좋은 공기 마시면서 천천히 올라갔다 내려오면 되지요.

차림　　만만치 않다　　꿈도 못 꾸다　　재미를 붙이다　　정상　　메아리　　도전하다　　용기

1　-(으)ㄹ 게 뻔하다

'-(으)ㄹ게 뻔하다' is used when saying what will happen for sure, making a guess based on what has happened so far. It also emphasizes certainty using with '보나마나, 들으나마나, or 가보나마나.'

> V았/었/였을 게 뻔하다
> N일 게 뻔하다
> V(으)ㄹ 게 뻔하다

가: 나오카 씨가 많이 피곤해 보이죠?
나: 보나마나 어제도 늦게까지 **공부했을 게 뻔해요.**

가: 어른한테 반말하는 걸 보니 저 사람은 **예의가 없는 사람일 게 뻔해요.**
나: 한국문화를 잘 몰라서 그럴 거예요.

가: 내일은 주말이라 놀이공원이 **복잡할 게 뻔해요.**
나: 그러니까 오늘 갔다 옵시다.

가: 상우 씨가 왜 이렇게 안 와요?
나: 제 시간에 온 적이 없으니까 오늘도 **늦게 올 게 뻔해요.**

2　-(으)ㄹ 게 뭐 있나요?

'-(으)ㄹ 게 뭐 있나요?' means that care for something is not needed. It is frequntly used with '-(으)면 되지요' structure, which means suggestion.

> V(으)ㄹ 게 뭐 있나요? AV(으)면 되지요

가: 제가 면접시험을 준비하고 있는데 긴장돼요.
나: **긴장할 게 뭐 있나요? 편안하게 준비하면 되지요.**

가: 친구 생일선물로 뭘 사야 할지 고민이야.
나: **고민할 게 뭐 있니? 가장 필요한 것을 사주면 되지.**

가: 내일 소개팅이 있는데 어떻게 입어야 할지 모르겠어요.
나: **신경 쓸 게 뭐 있나요? 단정하게 입으면 되지요.**

가: 이사를 해야 하는데 짐이 많아서 걱정이에요.
나: **걱정할 게 뭐 있나요? 이사 전문회사에 맡기면 되지요.**

3 (비록) –(는)다 해도

'–비록 –다 해도' can be used when although conditions are not good, something is acceptable, it is related to situations where the reality is different from previous expectations.

> 비록 V았/었/였다 해도
> 비록 N(이)라 해도
> 비록 DV다 해도
> 비록 AVㄴ/는다 해도

가: 열심히 했는데 이번 경기에서 져서 속상하겠구나.
나: 이번 경기는 **비록 졌다 해도** 다음 경기에서 더 잘하면 되니까 괜찮아.

가: 외국인도 참여할 수 있을까요?
나: **비록 외국인이라 해도** 한국어를 잘하면 누구든지 환영이에요.

가: 나이가 어린 사람과 친구가 될 수 있을까요?
나: **비록 나이가 어리다 해도** 마음이 맞으면 친구가 될 수 있지요.

가: 고향에 있는 여자 친구와 잘 지내?
나: **비록 자주 못 만난다 해도** 마음은 항상 옆에 있는 것 같아.

4 이래봬도 / 그래봬도 / 저래봬도

'–이/그/저래뵈다' is used to express that something appears to be of lower quality when in fact it is excellent or better than it looks.

> 이래봬도 / 그래봬도 / 저래봬도

가: 춤을 그렇게 잘 추는지 몰랐어요.
나: **이래봬도** 제가 춤을 배운 지 10년이 됐어요.

가: 이 컴퓨터 성능은 괜찮아요?
나: **이래봬도** 최신형 컴퓨터예요.

가: 저 선수는 운동선수치고 키가 정말 작네요.
나: **저래봬도** 아주 실력 있는 축구 선수예요.

가: 그 사람 유명한 사람인가 봐?
나: 지금은 인기가 없지만 **그래봬도** 한때는 잘나가던 배우였대.

연습해 봅시다

1. 아래 주제로 예상할 수 있는 것을 이야기해 보세요.

> **보기** **어린이날 놀이 공원**
>
> **가:** 내일 놀이 공원에 가면 사람이 많을 게 뻔해.
>
> **나:** 내일은 주말도 아닌데 왜 사람이 많다는 거야?
>
> **가:** 내일이 어린이날이잖아. 어린이날에는 놀이 공원에 사람이 항상 많더라고.
>
> **나:** 사람이 많으면 제대로 못 놀 게 뻔하니까 가지 말자.

보기	어린이날 놀이 공원
1)	흐린 하늘
2)	한국 드라마
3)	결석하는 친구
4)	출퇴근 시간의 지하철

2. 아래 상황에 처한 사람에게 격려의 카드를 써 보세요.

> **보기** **마라톤 대회에 처음 나가는 친구**
>
> 페이 씨에게
>
> 이번에 서울 국제 마라톤 대회가 얼마 안 남았네요. 많이 떨리지요? 그런데 페이 씨는 분명히 연습도 많이 했으니까 잘 할 거예요. 뛰다가 비록 중간에 멈추고 싶다 해도 끝까지 포기하지 마세요. 그래도 정말 힘들면 포기해도 괜찮아요. 마라톤은 참가하는 데 의의가 있잖아요. 항상 우리 반 친구들이 있다는 것을 잊지 마세요. 힘내세요!

보기	마라톤 대회에 처음 나가는 친구
1)	공연 중에 넘어지는 실수를 한 딸
2)	외국어 공부를 하다가 슬럼프에 빠진 친구
3)	유럽으로 배낭여행을 가려고 준비하는 동생
4)	컴퓨터를 배우려고 문화센터에 등록한 할아버지

___________에게/께

들어 봅시다

듣기 전에 해 봅시다

1. 여러분은 취미를 선택할 때 중요한 것이 무엇이라고 생각합니까?

2. 혼자 하는 취미와 여럿이 하는 취미 중에서 어느 것을 선호합니까?

3. 다음 단어의 의미를 확인해 봅시다.

꼼꼼하다	위로하다	선의	대상	연봉	삶의 활력

듣고 해 봅시다

1. 상우 씨가 말한 함께 하는 취미의 효과가 **아닌** 것은 무엇입니까?

❶ 함께 하니까 비용이 적게 든다.
❷ 함께 하는 사람이 있으면 위로가 된다.
❸ 함께 하다보면 즐겁게 오래 할 수 있다.
❹ 함께 하다보면 선의의 경쟁을 하게 된다.

2. 여자와 남자의 현재 취미가 무엇입니까?

1) 여자의 취미: ________________________________

2) 남자의 취미: ________________________________

3. 들은 이야기와 일치하는 것은 무엇입니까?

❶ 취미생활 때문에 스트레스를 받는 사람은 없다.
❷ 여자는 지금까지 시간이 없어서 취미 생활을 못했다.
❸ 남자는 혼자 하는 취미생활을 하다가 포기한 적이 있다.
❹ 직장인들의 관심사 1위는 삶의 활력을 주는 취미와 동호회이다.

들은 후에 해 봅시다

1. 여러분이 가입해 본 동아리나 동호회에 대해 이야기해 봅시다.

2. 취미 생활을 즐겁게 오래 할 수 있는 방법에 대해 이야기해 봅시다.

"

읽어 봅시다

읽기 전에 해 봅시다

1. 아이들의 취미와 어른들의 취미에는 어떤 것이 있습니까?

2. 어른이 아이의 취미를 갖는 것에 대해 어떻게 생각합니까?

3. 다음 단어의 의미를 확인해 봅시다.

합성어	취향	열광하다	현장	규모	관람객	아기자기하다	철없다
바람을 일으키다	매출	추세	현상	일시적	첫발을 내디디다		

읽고 이해해 봅시다

키덜트 문화

[앵커]

1980년대 '뉴욕타임즈'에서 처음 사용한 '키덜트(Kidult)'는 아이(Kid)와 어른(Adult)의 합성어로 아이 같은 감성과 취향을 가지고 있는 어른이라는 뜻입니다. 요즘 어른들이 어린 시절의 추억을 떠오르게 해주는 이 키덜트 문화에 열광하고 있습니다. '서울 키덜트 페어' 현장에 나가 있는 이소영 기자입니다.

[기자]

지난해 처음 열린 규모에 비해 올해는 규모가 더 커졌습니다. 관람객 대부분이 20~30대

성인들로 드론이나 피규어 그리고 아기자기한 캐릭터 상품에 환호하고 있습니다. 키덜트 문화에 대해 어떻게 생각하는지 관람객 및 관련 전문가들의 이야기를 들어 보도록 하겠습니다.

[김동환, 서울시 동대문구]

예전에는 다 큰 어른이 아이들 장난감을 수집한다고 하면 철없는 어른으로 보는 경향이 컸어요. 그런데 지금은 소비시장의 새로운 바람을 일으키는 주인공이 되었다고 생각해요. 저 또한 저만의 특별한 취미라고 생각하니까요.

[전시회 관계자]

직장인의 주 5일제 근무로 여가 시간이 늘면서 부모들에게 자녀와 함께 하는 시간도 증가했습니다. 예를 들어서 가족과 캠핑을 가게 되고 야외에서 자녀와 함께 할 수 있는 다양한 상품들도 인기가 많아지고 있습니다. 그 중에서 아이들의 눈높이에 맞추어 놀아줄 수 있고 어른들도 재미를 느낄 수 있는 키덜트 상품이 큰 인기를 모으고 있는 것은 당연하다고 생각합니다.

[업체 관계자]

매출을 조사해 보니 키덜트 매장의 매출이 늘어나고 있는 추세입니다. 또한 키덜트 매장 10개를 대상으로 조사한 결과 남성들에게 인기가 많은 것은 레고, 여성들에게 인기가 많은 것은 바비인형으로 나타났습니다. 이러한 현상은 성인들이 경제적으로 여유가 생기면서 어린 시절 추억이 담긴 장난감을 구입하기 때문이라고 생각합니다.

[기자]

키덜트 문화는 어른들이 어린 시절에 대한 추억과 친구 같은 부모가 되려는 심리가 만들어 낸 현상입니다. 키덜트 상품의 인기는 일시적인 유행이 아니라 더 빠르게 성장할 것이라고 전문가들은 말하고 있습니다. 지금의 아이들도 어른이 되면 구매 능력을 갖춘 키덜트가 될 수 있기 때문입니다. 꼭 값비싼 것이 아니더라도 아끼는 장난감을 한두 개 가지고 있다면 여러분도 이미 키덜트 문화에 첫발을 내디뎠다고 말할 수 있습니다. ABC 이소영입니다.

드론(Drone)

피규어(Figure)

레고(Lego)

바비인형(Barbie doll)

1. 윗글의 내용과 일치하는 것은 무엇입니까?

   ❶ 직장인의 여가 시간이 늘면서 혼자 있는 시간이 많아졌다.

   ❷ 아이들의 눈높이에 맞는 상품들이 아이들에게 인기가 없다.

   ❸ 전문가들은 키덜트 상품의 인기가 일시적인 현상이라고 말한다.

   ❹ 경제적으로 여유가 있는 어른들이 장난감을 사는 주인공이 되었다.

2. 키덜트 문화가 만들어진 이유 두 가지를 써 봅시다.

   1) ____

   2) ____

읽은 후에 해 봅시다

1. 여러분 나라의 키덜트 문화에 대해 이야기해 봅시다.

2. 키덜트 문화에 대해 자기 의견을 칼럼니스트처럼 써 봅시다.

어휘를 연습해 봅시다

1. 보기 에서 알맞은 단어를 골라 쓰십시오.

보기	취향	열광하다	철없다	관람객	추세

   1) 결혼을 늦게 하려는 것이 요즘 _______________이다.

   2) 각자의 _______________ 따라 디자인을 선택하시면 됩니다.

   3) 좋아하는 가수가 무대에 나오자 _______________ 팬들로 떠들썩하다.

   4) 영화 시작 시간이 되자 밖에 있던 _______________ 극장 안으로 들어갔다

   5) 그는 나이 40에 어린아이처럼 어머니에게만 의지하니 정말 _______________ 사람이다.

말해 봅시다 

마리오 리사 씨, 요즘 시험 때문에 눈코 뜰 새가 없다면서요?

리 사 네. 말도 마세요. 시험 스트레스 때문에 너무 긴장한 나머지 잠도 제대로 못 자고 있어요. 마리오 씨는 스트레스를 어떻게 풀어요?

마리오 저는 가까운 곳으로 여행을 갔다 오면 스트레스가 해소돼요. 지난 주말에 여행도 하고 머리도 식힐 겸해서 춘천에 갔다 왔어요.

리 사 춘천에는 볼거리가 다양하다던데 재미있었겠어요.

마리오 춘천에 있는 중도에서 멋진 호수를 보면서 자전거도 탔어요. 그리고 춘천의 명물인 닭갈비를 먹고 왔어요.

리 사 닭갈비는 춘천에서 먹어야 제맛이라면서요? 아, 저도 먹고 싶어요. 그나저나 남이섬에는 안 갔어요? 드라마로 유명해져서 관광객들이 많다던데요.

마리오 가고 싶었지만 당일치기 여행이라서 시간이 별로 없었어요. 남이섬은 근처에 구경할 데가 많아서 여유를 가지고 가는 게 좋을 것 같아요.

리 사 그래요? 시험 끝나고 친구들과 여행을 가려고 하는데 남이섬으로 가야겠네요.

마리오 남이섬 근처에 프랑스 문화 마을이랑 수목원이 있어요. 이국적인 느낌도 맛볼 수 있고 도심에서 벗어나 자연을 느낄 수 있을 거예요.

리 사 아무래도 하루 만에 갔다 오기는 무리겠네요. 괜찮은 숙소가 있겠죠?

마리오 근처에 펜션도 있고 캠핑장도 있어요.

| 머리를 식히다 | 명물 | 당일치기 | 수목원 | 이국적 | 벗어나다 | 아무래도 |

알아봅시다

<table>
<tr><td>**1**</td><td>**-(으)ㄹ 겸해서**</td></tr>
</table>

'-(으)ㄹ 겸해서' is used when one intends to do all actions (more than two actions).

AV(으)ㄹ 겸해서

가: 이번 모임 장소는 어디로 정했어?
나: **전통차도 마시고 쇼핑도 할 겸해서** 인사동으로 결정했어.

가: **구경도 하고 운동도 할 겸해서** 월드컵 공원에 갈까 하는데 같이 갈래?
나: 좋아. 한번 가보고 싶었는데 잘 됐다.

가: 여행도 다니고 여가 시간을 잘 보내는구나.
나: 응. **기분 전환도 하고 경험도 쌓을 겸해서** 여행을 하는 거야.

가: **친구도 사귈 겸해서** 동호회에 가입할 생각이야.
나: 좋은 생각이네. 무슨 동호회에 가입할 거니?

<table>
<tr><td>**2**</td><td>**-(으)ㄴ 나머지**</td></tr>
</table>

'-(으)ㄴ 나머지' is used when some action or situation in the first clause becomes worse, and it leads to the result in the following clause.

V(으)ㄴ 나머지

가: 어제 노래방에서 노래를 많이 **부른 나머지** 목소리가 안 나와요.
나: 오늘은 물을 많이 마시고 말을 적게 하도록 하세요.

가: 시험은 잘 봤니?
나: 너무 **긴장한 나머지** 문제도 제대로 못 읽었어.

가: 눈이 왜 그렇게 부었어요?
나: 어제 본 영화가 너무 **슬픈 나머지** 울었더니 그만 이렇게 됐어요.

가: 그 많은 걸 다 먹었어요?
나: 너무 **배가 고픈 나머지** 남김없이 다 먹었어요.

3 −아/어/여야

'−아/어/여야' is used when you talk about an essential condition in the first clause to achieve a situation in the following clause.

> N이어야/N여야
> V아/어/여야

가: 입사 지원 자격에 대해서 알고 싶습니다.
나: **한국어를 전공한 사람이어야** 지원할 수 있습니다.

가: 이 옷은 사이즈가 어때요?
나: **한 치수 더 커야** 맞을 것 같아요.

가: 동호회 회비를 언제까지 낼 수 있어요?
나: **이번 달 아르바이트 비를 받아야** 낼 수 있을 것 같아요.

가: 한국외국어대학교에 빨리 도착하려면 어떻게 가면 될까요?
나: 4호선을 타고 오다가 **동대문 역에서 갈아타야** 빨리 갈 수 있어요.

4 신체관용어구

눈이 높다	입이 무겁다
눈 깜짝할 사이	입이 가볍다
눈코 뜰 새가 없다	입이 짧다
콧대가 높다	귀가 얇다
얼굴이 두껍다	손이 크다

가: 요즘 **눈코 뜰 새 없이** 바쁘다면서요?
나: 그러게요. 이번 달도 **눈 깜짝할 사이에** 다 가버렸네요.

가: 지영 씨는 **손이 커서** 음식을 넉넉히 준비하는 편이죠?
나: 네. 그런데 아이들이 **입이 짧아서** 잘 안 먹어요.

가: 이렇게 고급스러운 걸 어디에서 샀니? 넌 역시 **눈이 높아**.
나: 아니야. **귀가 얇은** 것도 탈이야. 이 비싼 걸 몇 개나 샀어.

가: 상우 씨가 유학을 갔다 온 후로 **콧대가 높아졌다**지요?
나: 아니에요. 얼마나 겸손한지 몰라요. 게다가 **입이 무거워서** 비밀도 잘 지켜요.

연습해 봅시다

1. 취미 생활을 어떤 이유로 시작하게 되었는지 이야기해 봅시다.

> [보기] **취미: 등산**
>
> **가:** 지영 씨, 언제부터 등산을 시작했어요?
>
> **나:** 등산에 전혀 관심이 없었는데 친구랑 우연히 산에 갔다가 산의 매력에 빠졌어요.
>
> **가:** 주로 한 달에 몇 번 등산을 해요?
>
> **나:** 기분전환도 하고 운동도 할 겸해서 일주일에 한 번은 가니까 한 달에 네 번은 산에 가는 거죠.

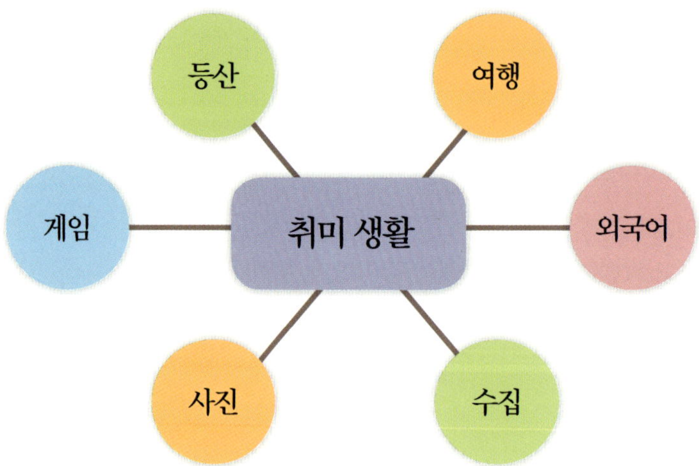

2. 다음 상황과 같은 경험이 있으면 이야기해 봅시다.

> [보기] **오랫동안 외출을 하지 않았던 경험**
>
> **가:** 며칠 동안 외출을 하지 않았던 적이 있나요?
>
> **나:** 시험에 떨어져서 너무 실망한 나머지 한 달 동안 밖에 안 나간 적이 있어요. 열심히 준비를 했기 때문에 떨어질 거라고는 꿈도 못 꿨거든요.

[보기]	오랫동안 외출을 하지 않았던 경험
1)	쓰러지거나 기절해 본 경험
2)	너무 울어서 눈이 부었던 경험
3)	며칠 동안 밥을 안 먹었던 경험
4)	목이 쉬거나 목소리가 안 나왔던 경험

들어 봅시다

듣기 전에 해 봅시다

1. 취미로 돈을 벌 수 있는 것에는 어떤 것이 있습니까?

2. 다음 단어의 의미를 확인해 봅시다.

주저하다	공유하다	본명	독특하다	애착	단골 손님	발품을 팔다

듣고 해 봅시다

1. 이 여자에 대한 이야기로 맞는 것은 무엇입니까?

❶ 돌아다니면서 좋아하는 물건을 팔았다.
❷ 라디오 프로그램에 전화를 직접 걸었다.
❸ 재미있는 별명을 친구들에게 만들어 주었다.
❹ 독특한 물건을 홍대 예술시장에서 모두 샀다.

2. 전화를 건 여자의 취미는 무엇입니까?

3. 들은 이야기와 일치하지 **않는** 것은 무엇입니까?

❶ 라디오 프로그램에 전화를 걸면 선물을 받을 수 있다.
❷ 예술시장에서 찾은 물건들은 작품이면서 생활용품이기도 하다.
❸ 오후에 가족들과 함께 예술시장에 가면 신나는 시간을 보낼 수 있다.
❹ 예술시장은 예술을 사랑하는 사람들이 물건을 직접 만들어 파는 곳이다.

들은 후에 해 봅시다

1. 취미로 어떤 물건을 수집해 본 경험이 있으면 이야기해 봅시다.

2. 예술시장에 간다면 특별한 것과 실용적인 것 중에서 어떤 것을 사고 싶습니까?
이유와 함께 이야기해 봅시다.

읽어 봅시다

읽기 전에 해 봅시다

1. 한국에서 어디로 여행을 가고 싶습니까?

2. 전주한옥마을에 대해 들어본 적이 있습니까?

3. 다음 단어의 의미를 확인해 봅시다.

밀어내다　　의외　　적합하다　　밀집되다　　공존하다　　사로잡다　　머물다　　마련되다　　놋그릇

읽고 이해해 봅시다

전주한옥마을

　　최근 서울에 거주하는 외국인을 대상으로 '가고 싶은 여행지'를 조사한 결과 전주가 1위를 차지했다. 2위는 부산, 3위는 제주도로 나타났다. 지금까지 외국인에게 여행지로 인기가 높았던 제주도나 해수욕을 즐길 수 있는 해변 지역을 밀어내고 전주가 1위를 차지했다는 결과는 의외이다.

왜 전주가 외국인들에게 가고 싶은 여행지가 되었을까? 겉으로 드러나 보이는 이유는 매스컴의 홍보 효과와 각종 여행 상품에 의해 쉽게 갈 수 있기 때문이다. 예를 들면 관광 주간으로 전주시가 전주한옥마을 홍보를 많이 했고 저렴한 당일치기 여행 상품을 판매하는 쇼핑몰이 많아졌다. 하지만 무엇보다 우리 고유의 전통을 쉽게 체험하고자 하는 외국인들의 요구에 매우 적합한 환경을 전주가 가지고 있다는 것이 근본적인 이유이다. 외국인들에게 한옥 800여 채가 밀집되어 있는 전주한옥마을은 과거와 현대가 공존하는 특별한 여행지로 여겨지는 게 당연하다. 왜냐하면 한옥은 외국인들을 사로잡을 만큼 매력을 가지고 있기 때문이다.

첫 번째 매력은 집 밖에서 보아도 지붕의 특별함을 한 눈에 볼 수 있는 것이다. 지붕이 하늘로 향해 있는 부드러운 곡선에서 한국의 따뜻한 정이 느껴진다. 또한 한여름 햇빛을 막아 그늘을 만들어 주기도 한다.

두 번째, 집 안으로 들어가 보면 안채와 사랑채로 남녀의 활동 공간이 구분되어 있다. 안채는 여성들이 머무는 곳으로 집 안쪽에 있고 사랑채는 남자들이 사용하던 곳으로 대문 가까이에 있다.

세 번째, 한옥의 내부에는 온돌과 마루가 있다. 겨울에는 따뜻한 온돌방에서 추위를 이길 수 있고 여름에는 시원한 마루에서 더위를 식힐 수 있다. 이것은 계절에 따라 적응할 수 있도록 조상들의 지혜가 담겨 있는 것이다.

전주한옥마을에는 잠도 자고 밥도 먹고 차도 마실 수 있는 한옥 생활 체험관이 마련되어 있다. 특히 한옥 생활 체험관 관계자의 말에 의하면 온돌 문화를 체험하는 것과 전주비빔밥을 놋그릇에 담아 먹는 체험이 외국인들에게 가장 인기가 많다고 한다. 혹시 여행 계획을 세우고 있거나 복잡한 일상에서 벗어나 여유로운 휴식을 자연과 함께 하고 싶다면 한옥에서 하루를 체험해 보는 것은 어떨까? 빠르게 변화하는 도시 속에 옛 것을 그대로 간직한 전주한옥마을에서 한국의 전통을 느낄 수 있을 것이다.

1. 윗글의 내용과 일치하는 것은 무엇입니까?

❶ 전주한옥마을은 당일치기 여행이 불가능하다.

❷ 현재 외국인이 가고 싶은 여행지 1위는 제주도이다.

❸ 한옥 생활 체험관에서 전주비빔밥을 놋그릇에 담아 먹을 수 있다.

❹ 자연과 함께 여행을 하고 싶다면 해수욕이 있는 해변에 가면 된다.

2. 한옥에 대한 설명으로 맞지 **않는** 것은 무엇입니까?

❶ 한옥의 온돌과 마루에는 조상들의 지혜가 담겨 있다.

❷ 한옥의 안채는 여자들이 머무는 곳으로 집 안쪽에 있다.

❸ 한옥은 남녀의 활동 공간이 구분되어 있지 않은 넓은 집이다.

❹ 한옥의 지붕은 부드러운 곡선으로 한국의 따뜻한 정이 느껴진다.

▌읽은 후에 해 봅시다

1. 여행을 갔을 때 어디에서 숙박을 했는지 자기 경험을 이야기해 봅시다.

2. 한국관광공사 홈페이지에서 가보고 싶은 한옥 숙소를 찾아봅시다.

▌어휘를 연습해 봅시다

1. 보기 에서 알맞은 말을 골라 쓰십시오.

보기	밀어내다	사로잡다	밀집되다	적합하다	공존하다

1) 여기는 학교가 생기기에 ＿＿＿＿＿＿＿ 장소가 아니다.

2) 사회에는 여러 가지 형태의 가족이 ＿＿＿＿＿＿＿ 것 같다.

3) 요즘 똑같은 모양의 아파트들이 ＿＿＿＿＿＿＿ 있는 도시가 많다.

4) 대기업에서 운영하는 대형 마트가 동네 마트를 ＿＿＿＿＿＿＿ 있다.

5) 그는 선물로 상대방의 마음을 ＿＿＿＿＿＿＿ 싶어했으나 잘 되지 않았다.

한국 여행지

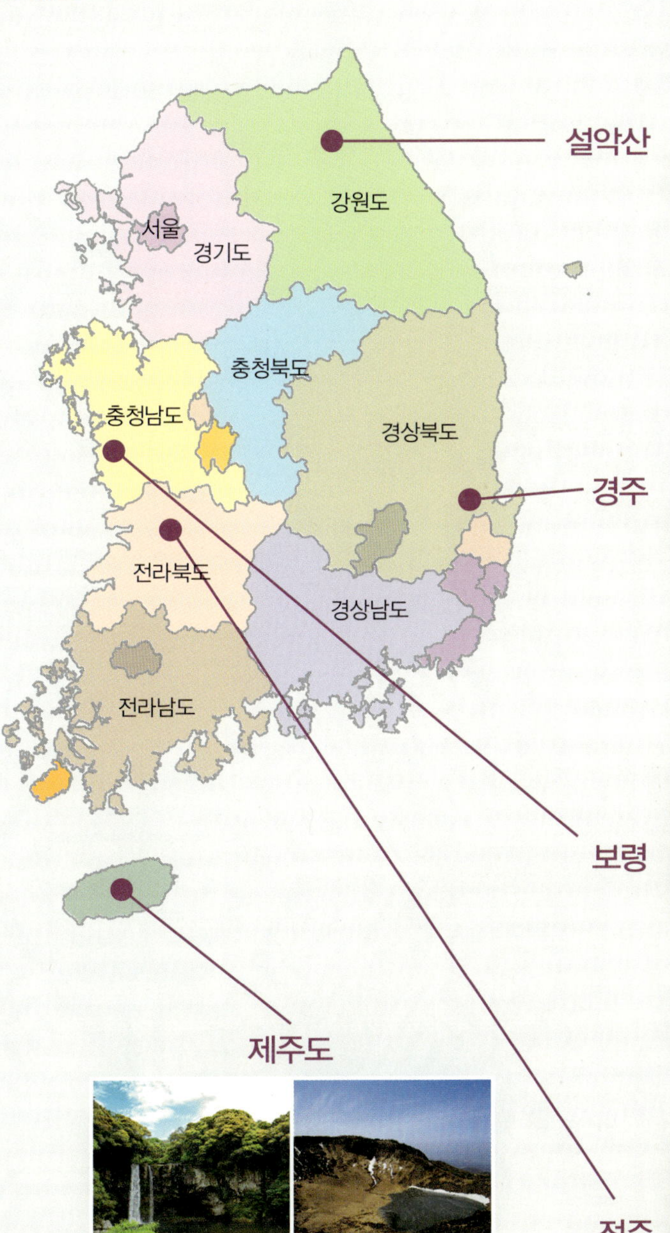

설악산

한국에서 지리산, 한라산 다음으로 높은 산. 자연 경관이 멋있고 문화재와 관광 명소가 많은 한국의 명산이다.

경주

신라의 수도였던 역사적인 도시. 불국사, 석굴암, 첨성대, 안압지와 같은 문화유산들이 많이 남아 있다.

보령

산과 바다가 만나는 곳에 위치한 도시. 머드 축제로 유명한 머드도시로 변신하면서 관광휴양 도시로 발전하고 있다.

제주도

한국에서 가장 큰 섬.

바람, 돌, 여자가 많아서 삼다도라고 불린다. 한라산 국립공원, 용암 동굴, 폭포와 같은 유명한 관광지가 많다.

전주

한옥과 전통문화가 잘 보존된 도시. 부채와 한지 등 전통 공예품 생산지로 유명하다.

VII

대학 생활

| **19** | 주제도입 | 대학 생활 |
| | 같이 해 봅시다 | 설문조사 |

20	말해 봅시다	대학 생활이 여간 재미있지 않대요
	알아봅시다	**1** 이렇게 –아/어/여서야 (어디)　**2** –(는)다면야 –(으)ㄹ 게 없다
		3 여간 –지 않다　**4** 통
	연습해 봅시다	
	들어 봅시다	신입생 후배들에게 해 주는 조언
	읽어 봅시다	대학생들의 현실적인 고민

21	말해 봅시다	발표를 망치고 말았어요
	알아봅시다	**1** –아/어/여다가　**2** –(으)ㄴ/는데도 불구하고
		3 –고(야) 말다　**4** –(으)ㄴ/는 게 다 뭐예요?
	연습해 봅시다	
	들어 봅시다	대학 입학 정보
	읽어 봅시다	내가 살 집은 어디에 있나?

| 문화를 배워 봅시다 | | 조선시대 교육기관 |

[강의 시간표]

NO	개설 영역	학년	학수 번호	강의 계획서	교과목명	학점	시간	담당 교수	강의시간 강의실	제한 인원
1	전공	1	E04317101		국문학개론	3	3	김은정	수 7/금 5 6 (0338)	60
2	전공	1	E04107201		국어학개론	3	3	송현아	화 4 5 6 (1503)	60
3	전공	2	E04304101		국어교육론	3	3	박수정	화 2/목 7 8 (1210)	60
4	전공	3	E04319101		국어문법론	3	3	강영주	월 4 5 6 (3303)	60
5	전공	3	E04313201		국어사	3	3	이상용	수 4 5 6 (0221)	50
6	전공	4	E04471201		문학교육론	3	3	신소라	목 1 2 3 (2403)	50

NO	개설 영역	학년	학수 번호	강의 계획서	교과목명	학점	시간	담당 교수	강의시간 강의실	제한 인원
1	특별 교양		U76323101		국가정보의 이해	2	2	김화성	목 5 6 (1304)	70
2	필수 교양	1	Y13101201		교양영어1	3	3	Daniel Lee	금 7 8 9 (1607)	30
3	교양 체육		U76107301		수영	2	2	장효은	화 7 8 (3203)	30
4	교양 사회		Y21130201		다문화사회의 이해	2	2	양원영	목 5 6 (1403)	70
5	교양 과학		U76300101		에너지와 지구환경	2	2	이산이	월 1 2 (1502)	70
6	특별 교양	4	Y21167201		취업준비 전략	2	2	최승현	월 5 6 (3408)	50

이야기해 봅시다

1. 여러분 나라 대학교의 수강신청 방법은 어떻습니까?

2. 수강 과목을 선택할 때 중요하게 생각하는 것은 무엇입니까?

어휘와 표현

❈ 대학 생활에 관련된 어휘의 의미를 알아봅시다.

수강신청	과목	정원수	학점	담당 교수	수강신청 변경기간	재수강	전공	교양
도서관	대출	반납	대출 연장	연체(료)	실내 정숙	열람	음식물 반입 금지	
동아리	학생회관	가입	탈퇴	신청	신청서	회원 모집	동아리 방	
아르바이트	보수	시급	일당	구인 광고	근무 시간	경력	용돈 마련	
기타	계절 학기	어학 연수	등록금	휴학(생)	복학(생)	편입(생)	M·T	공강

생각해 봅시다

❈ 여러분 나라 대학생들은 무엇에 관심이 많습니까? 왜 그렇다고 생각합니까?

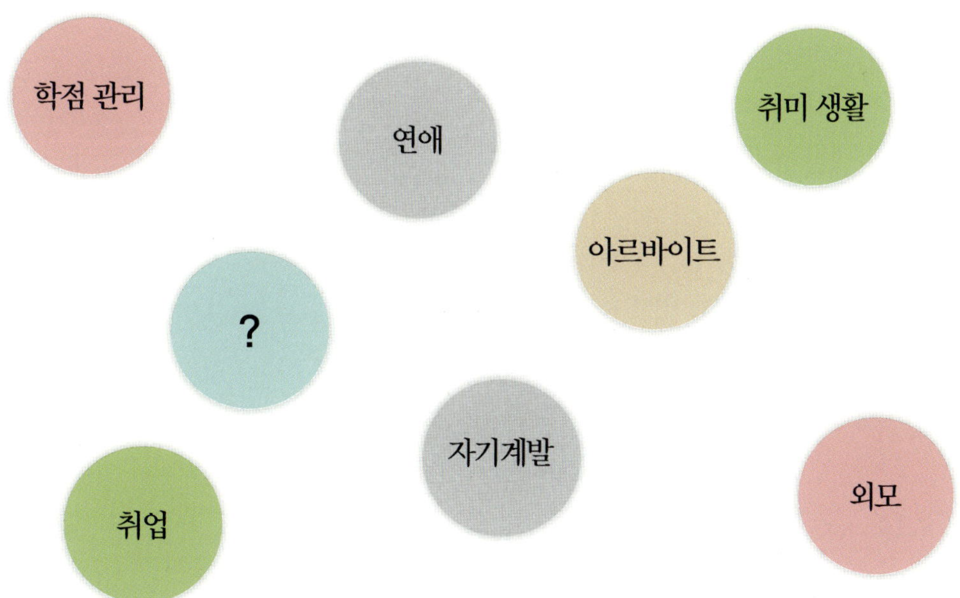

같이 해 봅시다

❊ 한국 대학 생활이나 한국 대학생의 생각에 대해 궁금한 것이 있습니까? 여러분이 알고 싶은 것에 대해 질문지를 작성해 보고 직접 한국 대학생들을 만나 설문조사를 해 봅시다.

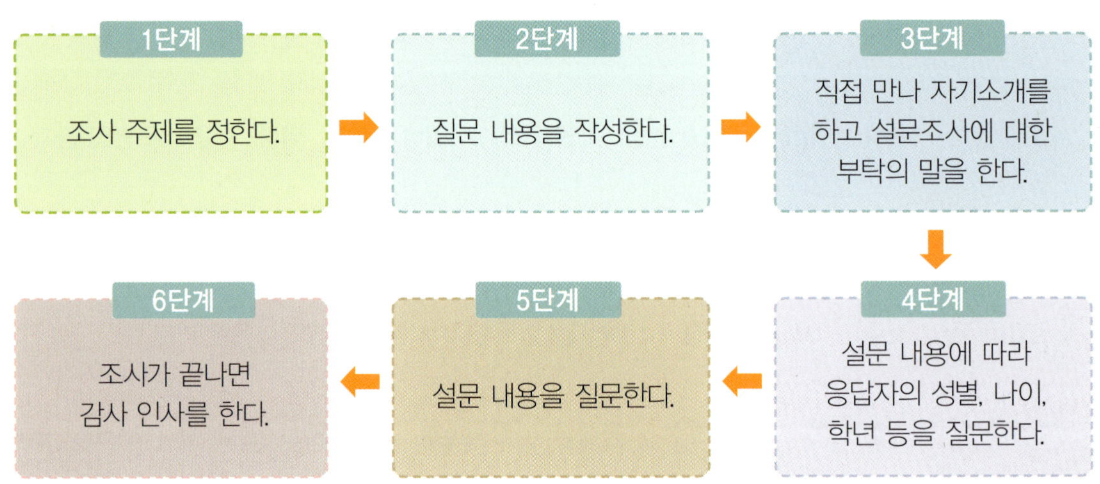

❊ 질문지를 만들어 봅시다.

보기

주제: 동아리

▶ 성별: ______________
▶ 나이: ______________
▶ 학년: ______________

1. 현재 동아리 활동을 하고 있습니까?
(예 ☐   아니요 ☐)

2-1. 동아리에 가입하게 된 계기가 무엇입니까?
(인간관계 ☐   여가 활동 ☐   취미 ☐   자기계발 ☐   기타 ______________)

2-2. 동아리 활동을 안 하고 있다면 그 이유는 무엇입니까?
(시간 부족 ☐   관심 부족 ☐   인간관계 ☐   취업준비 ☐   학과공부 ☐
기타 ______________)

3. 동아리 활동을 통해 얻는 것 중 가장 큰 것은 무엇이라고 생각합니까?
(   )

4. 현재 대학 동아리가 가지고 있는 문제점은 무엇이라고 생각합니까?
(   )

---

20 대학 생활이 여간 재미있지 않대요

말해 봅시다  25

줄리앙 이제 수강신청도 잘 마무리했으니까 새내기 준비도 끝났네요.

나오카 그런데 저는 왜 이렇게 걱정이 앞서지요? 새로운 환경에 적응해야 한다는 두려움 때문인가 봐요.

줄리앙 나오카 씨는 통 걱정없이 사는 줄 알았는데 왜 그래요? 우리를 기다리고 있는 멋진 대학 생활을 상상해 봐요. MT에, 대학 축제에, 소개팅에…. 생각만으로도 즐겁지 않아요?

나오카 줄리앙 씨는 워낙 낙관적인 사람이니까 그렇죠. 새로운 곳에서 새로운 인간관계를 맺어야 하고 게다가 갑자기 생긴 많은 여유 시간을 어떻게 보내야 할지도 막막해요.

줄리앙 이렇게 걱정이 많아서야 어디 대학 생활 잘 하겠어요? O·T 때 학과 대표 선배한테 들었는데 대학 생활이 여간 재미있지 않대요.

나오카 그렇다면야 더 이상 바랄 게 없겠지만요.

줄리앙 그렇게 못한다 못한다 해도 나오카 씨는 늘 잘 해왔잖아요. 이번에도 잘 해낼 거라 믿어요. 나랑 동아리 가입부터 하는 게 어때요? 동아리가 대학 생활의 꽃이 아니겠어요?

나오카 지난번에 말했던 그 연극동아리 말이에요? 나도 관심이 있긴 한데…….

줄리앙 잘 됐어요. 선착순 모집이라니까 개강하자마자 가요. 내가 옆에서 많이 도와줄 테니까 걱정 말고요.

마무리하다   앞서다   낙관적   막막하다   O·T(신입생 사전교육)   선착순   개강하다

1　이렇게 –아/어/여서야 (어디)

'이렇게 –아/어/여서야(어디)' is a colloquial expression to emphasize negative meaning, which means when one behaves in the specified manner, then the following action can not be done. '–겠어요' is appeared in the following clause.

> 이/그/저렇게 V아/어/여서야 (어디)

가: 물가가 **이렇게 올라서야 어디** 서민들이 살겠어요?
나: 빨리 경제가 좋아져야 할 텐데 정말 큰일이에요.

가: 내일이 시험인데 온몸이 안 아픈 데가 없어요.
나: **그렇게 아파서야** 내일 시험 보러 갈 수 있겠니?

가: 저 녀석이 이제 고2가 됐는데 공부에 관심이 없는 건 여전하네요.
나: **저렇게 놀기만 해서야 어디** 대학 가겠어요?

가: **이렇게 조금 먹어서야 어디** 건강해지겠어요?
나: 한꺼번에 많이 먹는 것보다 조금씩 자주 먹는 게 좋대요.

2　–(는)다면야 –(으)ㄹ 게 없다

'–ㄴ/는다면야 –(으)ㄹ게 없다' is a expression when you talk about your most desirable thing, which means 'if it could be achieved, then I would not want anything more/I could do anything'.

> N(이)라면야 V(으)ㄹ 게 없다
> DV다면야 V(으)ㄹ 게 없다
> AVㄴ/는다면야 V(으)ㄹ 게 없다

가: 남편감으로 어떤 사람이 좋아요?
나: 착하고 성실한 **사람이라면야 더 이상 바랄 게 없어요.**

가: 저는 건강에 **좋다면야 못 먹을 게 없다고** 생각해요.
나: 정말이요? 전 아무리 건강에 좋다고 해도 보기에 이상한 건 못 먹겠던데요.

가: 걱정 말고 기다려 보세요. 최선을 다했으니까 다 잘 될 거예요.
나: 그렇게 **된다면야 더 바랄 게 없지요.**

가: 어려운 일이 있으면 내가 도와줄 테니까 포기하지 마.
나: 고마워. 네가 **도와준다면야 못 할 게 없지.**

3 여간 -지 않다

'여간 -지 않다' means above average, or in very true, which means a strong affirmation.

> 여간 N이/가 아니다
> 여간 V지 않다

가: 저는 소극적인 편인데 좀 적극적인 성격으로 바뀌었으면 좋겠어요.
나: 성격을 바꾸는 게 **여간 어려운 일이 아니에요.**

가: 이번 학기도 3주밖에 안 남았어요.
나: 만난 지 얼마 안 된 거 같은데 시간이 **여간 빠르지 않아요.**

가: 에릭 씨가 콘서트 표를 산다고 난리던데요.
나: 그 가수를 **여간 좋아하지 않더라고요.**

가: 친구랑 싸웠다더니 화해는 했어요?
나: 아직 못 했어요. 먼저 연락하는 게 **여간 힘든 게 아니에요.**

4 통

'통' is used with negative expressions such as '–지 않다, 없다, 모르다', and it means 'however, not a bit, not at all.'

> 통

가: 밥이 보약이라는데 많이 드세요.
나: 감기에 걸려서인지 요즘 **통 입맛이 없어요.**

가: 오늘은 **통 말이 없네.** 무슨 고민이라도 있니?
나: 고민은 무슨. 피곤해서 그래.

가: 컴퓨터 수업은 어때요? 들을 만해요?
나: 말도 마세요. 너무 어려워서 교수님이 무슨 말씀을 하시는지 **통 모르겠어요.**

가: 학기도 아직 안 끝났는데 마리오 씨가 고향에 돌아갔대요.
나: 어쩐지 요즘 **통 안 보여서** 이상하다 했어요.

연습해 봅시다

1. 상대방의 행동이 옳지 않다고 느낄 때가 있습니까? 그렇게 하면 안 된다고 생각하는 것을 말해 보세요.

> **보기** **게임만 하는 아들과 화가 난 엄마의 대화**
>
> **어머니:** 너 또 게임이니? 입으로만 공부한다 공부한다 하면 뭘 해? 이렇게 게임만 해서야 어디 졸업이라도 하겠니?
>
> **아 들:** 게임으로 머리 좀 식히는 거예요. 지난주에는 게임을 통 안 했잖아요. 엄마, 이렇게 화를 많이 내셔서야 어디 건강 지키시겠어요?

보기	게임만 하는 아들과 화가 난 엄마의 대화
1)	여자만 집안일을 하는 맞벌이 부부의 대화
2)	몸이 아프지만 학교에 가려는 친구와 말리는 룸메이트의 대화
3)	청소를 안 하는 룸메이트와 스트레스를 받는 룸메이트의 대화
4)	여자 친구한테 푹 빠져 해야 할 일을 안 하는 아들과 아버지의 대화

2. 다음 주제에 맞게 자신이 바라는 것을 표현해 보세요.

> **보기** **언제나 바쁜 제 남자친구에게 바랍니다.**
>
> 우리가 얼굴을 못 본 지 일주일이 넘었어요. 이렇게 못 만나서야 어디 계속 사귈 수 있겠어요? 나한테 관심이 통 없는 것 같아요. ○○ 씨만 바쁜가요? 저도 사실 여간 바쁜 게 아니에요. 나한테 조금만 더 신경을 써 준다면야 더 이상 바랄 게 없겠어요.

보기	제 남자/여자친구에게 바랍니다.
1)	우리 대학교에 바랍니다.
2)	우리 부모님께 바랍니다.
3)	우리 반 ○○씨에게 바랍니다.
4)	우리 나라 정부에/대통령에게 바랍니다.

들어 봅시다

듣기 전에 해 봅시다

1. 대학교 신입생이라면 무엇을 가장 해 보고 싶습니까?

2. 다음 단어의 의미를 확인해 봅시다.

코앞	깨닫다	새내기	나침반	벼락치기	장학금	봉사 활동

듣고 해 봅시다

1. 이 사람의 생각과 맞는 것은 무엇입니까?

❶ 취직을 위해서 봉사 활동을 열심히 해야 한다.

❷ 대학 생활은 여유가 있기 때문에 장학금 타기는 어렵지 않다.

❸ 동아리에서 만난 사람들보다 학과 선배, 후배의 관계가 중요하다.

❹ 관심 있는 회사에서 인턴으로 일하는 것은 대학생에게 좋은 경험이 된다.

2. 이 글을 들은 새내기가 할 행동으로 맞지 **않는** 것은 무엇입니까?

❶ 동아리에 가입해서 활동한다.

❷ 학기 중에 배낭 여행을 떠난다.

❸ 수업 시간에 결석을 하지 않는다.

❹ 주위 사람들과 좋은 관계를 유지한다.

3. 다음 밑줄 친 말의 의미가 무엇인지 추측해 봅시다.

> 제가 새내기 때 선배들의 조언을 **한 귀로 듣고 한 귀로 흘렸는데** 참 후회가 됩니다.
> 잘 **귀담아들었더라면** 좋았을 걸 그랬어요.

1) 한 귀로 듣고 한 귀로 흘리다:

2) 귀담아듣다:

들은 후에 해 봅시다

1. 위에서 들은 내용 외에 성공적인 대학 생활을 위한 방법으로 어떤 것이 있을까요?

2. 한국어를 배우러 한국에 유학 올 후배들에게 선배로서 조언하는 글을 써 봅시다.

읽어 봅시다

읽기 전에 해 봅시다

1. 대학 생활에서 가장 중요한 것이 무엇이라고 생각합니까?

2. 여러분이 대학생 또는 유학생으로 가장 크게 걱정하는 것은 무엇입니까?

3. 다음 단어의 의미를 확인해 봅시다.

실시하다	응답자	과반수	답하다	뒤를 잇다	반영하다	꼽히다	의존
분석되다	압도적	보태다	인맥	시달리다	대안	머리를 맞대다	

읽고 이해해 봅시다

대학생들의 현실적인 고민

'대학 생활에서 가장 걱정되는 것'에 대해 대학교 신입생 300명을 대상으로 설문조사를 실시한 결과, 응답자의 과반수 이상이 취업(53%)이라고 답했다. 학비와 생활비 걱정이 25%로 2위를 차지했고 학과 공부(11%), 대인관계(7%), 외모(4%)가 그 뒤를 이었다. 3·4학년이 아닌 1학년을 대상으로 한 설문 결과에서 취업에 대한 걱정이 1위를 차지한 것은 취업 경쟁이 얼마나 심각한 문제인지를 반영하고 있는 것이다. 또한 대다수의 학생들은 1학년부터 취업 준비를 시작해야 한다고 했다.

대학에 입학하면서부터 학생들은 꾸준히 '스펙'관리를 한다. 스펙은 'specification'의 줄임말로 구직자 사이에서 외국어, 학력, 학점, 자격증 등 취업을 하기 위한 조건을 말한다. '취업을 위해 가장 열심히 준비해야 하는 것'에 대한 설문 결과로 외국어 공부(67%)가 1위로 꼽혔고 학점 관리(63%), 자격증 취득(60%), 인맥 관리(40%), 인턴십 경험(35%), 봉사활동(25%) 순으로 나타났다. 신입생들이 입학과 동시에 취업 준비, 즉 스펙 쌓기를 시작한다 해도 지나친 말이 아니다.

대학이라 하면 등록금을 빼 놓고 이야기할 수 없을 것이다. 60%가량의 대학생이 등록금을 부모에게 의존하기 때문에 가계에 주는 부담도 큰 편이다. 그러나 요즘 점점 부모 의존율이 떨어지는 추세인데 이는 경기 침체로 인한 가정 경제의 어려움 때문인 것으로 분석된다. 학기 중이나 방학에 아르바이트를 하기도 하지만 아예 1년을 휴학한 후 등록금을

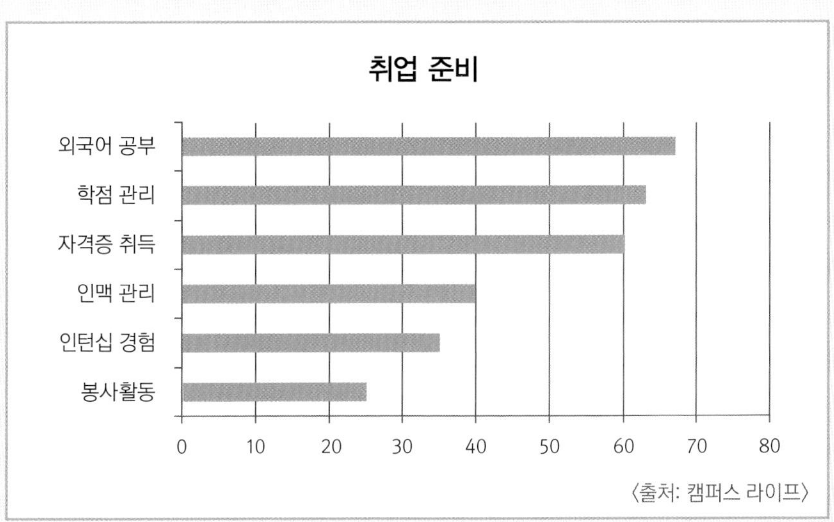

〈출처: 캠퍼스 라이프〉

마련하는 학생도 적지 않다. 이제 아르바이트는 대학 생활에 빠져서는 안 될 하나가 되었다. 다음은 아르바이트를 하는 이유에 대한 설문 결과이다(복수응답). 아르바이트를 하는 이유는 '생활비를 벌기 위해서'가 80%로 가장 압도적이었으며 그 다음 '학비에 보태기 위해서'가 55%, 사회 경험을 쌓고 싶어서가 30%로 조사됐다. 그밖에 '자립심을 키우기 위해서, 취업에 도움이 될 것 같아서, 어학연수 비용 마련을 위해서, 인맥을 쌓기 위해서' 등으로 나타났다.

입시 경쟁에 시달리다가 대학에 들어와 취업 경쟁에 들어간 젊은이들의 고민에 귀를 기울일 필요가 있다. 대학생들의 고민을 가볍게 생각하지 말고 현실적인 대안을 마련하기 위해 모두가 머리를 맞대야 할 것이다.

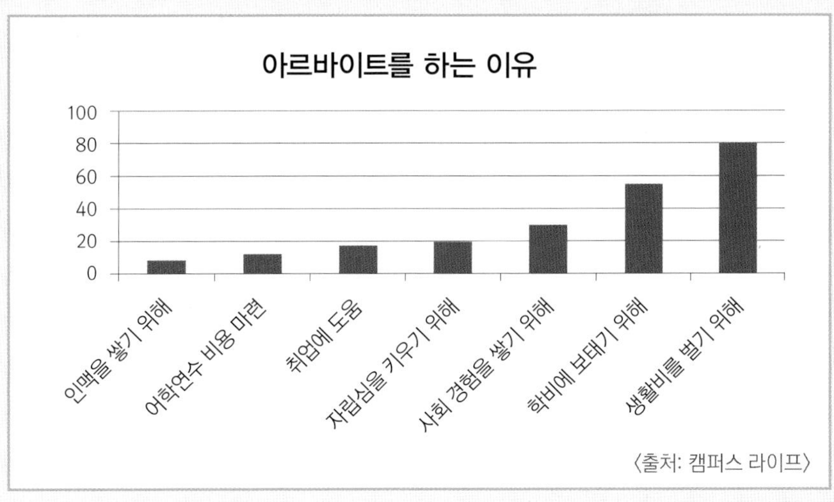

〈출처: 캠퍼스 라이프〉

1. 이 글의 내용과 같으면 O, 다르면 X 표 하십시오.

❶ 신입생 때부터 취직에 대한 고민을 한다.　　　　　O　X

❷ 학비를 부모님에게 받는 학생이 점점 증가하고 있다.　　O　X

❸ 아르바이트를 하는 주된 목적은 스펙을 쌓기 위함이다.　　O　X

❹ 학생들은 취업 준비 때문에 학과 공부에 신경을 쓰지 않는 편이다.　O　X

2. '스펙'이란 무엇을 의미합니까?

읽은 후에 해 봅시다

1. 아르바이트를 해 본 적이 있습니까? 아르바이트로 얻은 것과 잃은 것은 무엇입니까?

2. 대학 졸업 후를 위해 지금 준비해 놓아야 할 것은 무엇이라고 생각합니까?

어휘를 연습해 봅시다

1. 보기 의 단어를 한 번씩만 사용해서 아래의 그래프를 설명하십시오.

보기　　압도적　　실시하다　　차지하다　　꼽다　　뒤를 잇다　　분석되다　　답하다

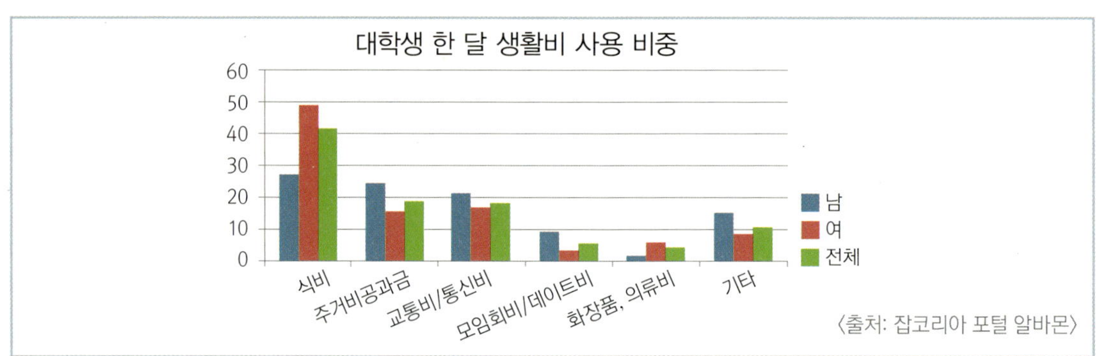

'알바몬'이 대학생 876명을 대상으로 생활비에 대한 설문조사를 1)________________________.

대학생들은 생활비 가운데 가장 많이 사용하는 것으로 식비를 2)________________________. 식비가

1위를 3)________________________고 주거비와 공과금이 4)________________________. 여학생들은 식비를

1위로 꼽은 응답자가 49.4%로 5)________________________으로 많았는데, 만일 생활비를 줄여야

한다면 식비를 가장 먼저 줄일 것이라고 6)________________________. 전에 비해 지출이 늘었냐는

질문에 그렇다는 응답이 많았는데 이는 물가 상승 때문인 것으로 7)________________________.

21 발표를 망치고 말았어요

말해 봅시다  27

나오카　줄리앙 씨, 기말고사 잘 봤어요?

줄리앙　잘 본 게 다 뭐예요? 재수강하게 될까 봐 걱정이 태산이에요. 그런데 시험도 어려웠지만 발표가 더 걱정이에요.

나오카　발표가 왜요? 열심히 준비했잖아요.

줄리앙　팀 발표였는데 혼자 하는 것보다 훨씬 더 힘들더라고요. 발표점수가 컸는데 발표를 망치고 말았어요.

나오카　팀원들과 의견 맞추기가 쉽지 않았겠군요.

줄리앙　사람이 열이면 열, 모두 생각이 다르니까요.

나오카　노력했는데도 불구하고 결과가 좋지 않을 때도 있기 마련이잖아요. 지난 일은 잊으세요.

줄리앙　그래야죠. 나오카 씨는 시험이 다 끝났나 봐요. 얼굴이 편해 보이네요.

나오카　시험은 끝났는데 제출할 기말 리포트 하나가 남았어요. 참고도서 좀 빌려다 보려고 도서관에 가려던 참이었어요. 그나저나 좋은 아르바이트 자리가 하나 있는데 방학 때 한 번 해 볼래요?

줄리앙　저는 계절 학기를 들을 예정이라 어려울 것 같아요. 어쨌든 고마워요.

나오카　방학 때까지 수업을 들어야 한다니 정말 힘들겠네요.

줄리앙　1학년 때부터 미리 미리 학점관리를 해 놓아야 나중에 편하죠. 나오카 씨도 남은 과제 잘 끝내고 즐거운 방학 보내세요.

기말고사　　　걱정이 태산이다　　　팀 발표　　　제출하다　　　리포트　　　참고도서

알아봅시다

1 –아/어/여다(가)

'–아/어/여다(가)' is used after completing an action, the following action is done with the result from the preceding action in a different place.

> AV아/어/여다(가)

가: 만둣국이 참 맛있네요. 만두를 참 잘 만드셨어요.
나: 만들긴요. 마트에서 **사다가** 끓인 거예요.

가: DVD **빌려다** 볼래요?
나: 영화라면 극장에서 봐야 제맛이죠.

가: 필요한 게 있으면 뭐든지 **빌려다가** 쓰세요.
나: 고마워요. 제 것도 마음껏 **가져다가** 쓰세요.

가: 세탁소에 갈 건데 뭐 맡길 거 있어요?
나: 맡길 건 없는데 제 옷 좀 **찾아다** 주실래요?

2 –(으)ㄴ/는데도 불구하고

'–(으)ㄴ/는데도 불구하고' is a literary expression used when an unintended or unexpected event happens, it means 'there is no relation to the preceding situation'.

> N이었/였는데도 불구하고
> V았/었/였는데도 불구하고
>
> N인데도 불구하고
> DV(으)ㄴ데도 불구하고
> AV는데도 불구하고

가: 그는 **난치병 환자였는데도 불구하고** 죽는 날까지 밝은 모습을 보여 주었대요.
나: 그렇게 하기가 쉽지 않았을 텐데 대단하네요.

가: 요즘은 **장마철인데도 불구하고** 비가 별로 안 오는 것 같아요.
나: 그래서 '마른장마'라는 말이 생겼잖아요. 비가 너무 안 와서 걱정이에요.

가: 그 가수가 여러 차례 **사과를 했는데도 불구하고** 대중의 시선은 차갑기만 하네요.
나: 말보다는 진실한 행동을 보여줘야 할 것 같아요.

가: 지난번에 도서관에서 대출한 책을 다 읽었어요?
나: 아직이요. 우리나라 말로 **번역이 되어 있는데도 불구하고** 이해하기 여간 어렵지 않아요.

3 -고(야) 말다

'-고(야) 말다' is used when an unintentional event happens, or after achieving an accomplishment after many difficulties. It is also used as '-고(야) 말겠다', and it indicates a speaker's strong desire to achieve something.

> AV고(야)말다

가: 할아버님은 건강하신가요?
나: 1년 정도 투병하시다가 작년에 **돌아가시고 말았어요.**

가: 드디어 모든 일을 **끝내고야 말았습니다!**
나: 그거야말로 축하할 일이네요.

가: 아무리 해도 안 되는 일에 매달리느니 일찍 포기하는 게 나아요.
나: 무슨 말이에요? 백 번 실패해도 난 꼭 **해내고야 말겠어요.**

가: 페이 씨는 한 번 한다 하면 꼭 **하고야 마는** 사람이에요.
나: 페이 씨가요? 그렇게 안 보이는데 의외네요.

4 -(으)ㄴ/는 게 다 뭐예요?

'-(으)ㄴ/는 게 다 뭐예요?' is usually used negate the previous statement, meaning 'I did not even think about that'

> AV(으)ㄴ 게 다 뭐예요?
> N이/가 다 뭐예요?
> DV(으)ㄴ 게 다 뭐예요?
> AV는 게 다 뭐예요?

가: 기말 과제는 다 끝냈지요?
나: **끝낸 게 다 뭐예요?** 아직 서론조차 못 썼는데요.

가: 그동안 잘 지냈어요? 취직은 했나요?
나: **취직이 다 뭐예요?** 아직 대학교 졸업도 못 했어요.

가: 방 하나에 세 명이 산다면서요? 방이 넓은가 봐요.
나: **넓은 게 다 뭐예요?** 좁아서 공부할 데도 없어요.

가: 이번에 개봉한 그 영화를 봤다면서요? 재미있었어요?
나: **재미있는 게 다 뭐예요?** 영화를 보다가 중간에 나온 건 처음이에요

연습해 봅시다

1. 다음 중 하나를 골라 소개해 봅시다.

– 존경하는 인물이 있습니까? 존경하는 인물의 인생 이야기를 들려주세요.

– 인상 깊게 본 드라마나 영화가 있습니까? 주인공에게 어떤 일이 있었습니까?

네 손가락의 피아니스트 이희아

선천적인 장애를 가지고 태어나 손가락이 네 개밖에 없는 이희아 씨는 많은 사람들의 관심과 응원을 받는 피아니스트이다. 그녀는 손가락이 네 개인데도 불구하고 피아니스트로 활동하고 있는데 그 뒤에는 그녀를 적극적으로 지지하며 희생하신 어머니가 있다. 이희아 씨는 자신의 장애에 좌절하지 않고 피나는 노력으로 자기의 꿈을 이루고야 말았다.

2. 여러분이라면 어떻게 부탁하겠습니까?

> **보기** **심부름을 시키기 좋아하는 누나 : 남동생**
>
> **누　　나:** 내 방에 가서 침대 위에 있는 책 좀 가져다 줘. 나 배고픈데 라면 좀 끓여다 줄래?
> 　　　　　빵을 사다 줘도 좋고…….
>
> **남동생:** 알았어. 그런데 한 번에 하나씩만 얘기해 줘.

보기	심부름을 시키기 좋아하는 누나 : 남동생
1)	게으른 남편 : 아내
2)	몸이 아픈 친구 : 룸메이트
3)	연세가 많으신 할머니 : 손자
4)	모든 것을 귀찮아하는 여학생 : 남학생

들어 봅시다

듣기 전에 해 봅시다

1. 여러분 나라에서 대학에 입학하기 위해 어떤 준비를 해야 합니까?

2. 다음 단어의 의미를 확인해 봅시다.

> 재외 국민   이수하다   말일   우편 접수   빠짐없이   원본   반환하다   서류 심사   선발하다

듣고 해 봅시다

1. 들은 내용과 **다른** 것을 고르십시오.

❶ 한국어 실력이 뛰어나면 면접은 보지 않는다.
❷ 제출한 서류는 나중에 다시 돌려받지 못한다.
❸ 이 사람은 자기 나라에서 고등학교를 졸업했다.
❹ 외국인 학생을 신입생으로 뽑지 않는 학과도 있다.

2. 입학 원서를 접수하는 방법과 입학 서류를 제출하는 방법을 듣고 쓰십시오.

1) 입학 원서 ➡ ____

2) 입학 서류 ➡ ____

들은 후에 해 봅시다

1. 외국에서 대학 입학시험을 보는 것과 자기 나라에서 대학 입학시험을 보는 것은 어떤 점이 다른 것 같습니까?

2. 입학처 입학관리팀에 방문하거나 전화해서 대학교 입학 절차를 문의해 봅시다.

> ※ 질문할 내용을 먼저 작성해 봅시다.
> –
> –
> –

> ※ 새로 알게 된 정보가 있으면 정리해서 발표해 봅시다.

읽어 봅시다

읽기 전에 해 봅시다

1. 여러분 나라에서 대학생들의 주거 문제는 어떻습니까?

2. 다음 단어의 의미를 확인해 봅시다.

설레다	가득하다	심각하다	정원	몰리다	우선권	근교
눈을 돌리다	여가	한정되다	공간	감수하다	열악하다	

읽고 이해해 봅시다

내가 살 집은 어디에 있나?

대학생들에게 3월은 새로운 시작으로 설레는 마음이 가득해야겠지만 현실은 그렇지 못하다. 여기저기로 값싼 방을 찾으려고 돌아다니는 대학생들의 모습을 자주 볼 수 있다. 대학생들의 주거 문제는 현재 굉장히 심각한 상황이다.

대부분의 대학교 기숙사는 학생 수에 비해 많이 모자란다. 그래서 기숙사 신청을 할 때 정원의 2~3배 가까운 학생들이 몰린다. 그리고 지방에서 올라온 학생들에게 우선권이 있기 때문에 서울 근교에서 온 학생들이 기숙사에 들어가는 것은 여간 힘든 게 아니다. 그래서 보증금이 준비되는 대학생들의 경우는 계약기간 동안 걱정 없이 지낼 수 있는 전세로 눈을 돌리게 된다. 하지만 집주인들은 매달 월세를 받을 수 있기 때문에 전세를 월세로 바꾸기 시작했다. 뿐만 아니라 신혼부부들이 다른 지역보다 전세가 저렴한 대학가 근처로 몰려들고 있어서 대학생들이 전세를 구하는 것은 더욱 어렵게 됐다.

대학생들은 전세를 얻는 것을 포기하고 비교적 적은 보증금으로 집을 구할 수 있는 월세를 찾게 된다. 하지만 대학생들에게 매달 내야 하는 월세는 큰 부담이 된다.

대학 생활을 하면 식비, 교통비, 여가 활동비 등 방값 이외에 들어가는 돈이 많은데 부모님께 매달 집세와 생활비를 받으면 너무 큰 부담을 주게 된다. 그래서 불편하더라도 집세를 줄이기 위해서 룸메이트를 구할 수밖에 없다. 실제로 대학가에서는 전세, 월세와 상관없이 집세를 줄이기 위해서 친한 친구 또는 모르는 사람과 함께 사는 사람들도 많다. 가족이 아닌 사람과 한정된 공간에서 산다는 것은 불편할 것이다. 그렇지만 집값을 줄이기 위해서라면 그러한 불편함 정도는 감수할 수밖에 없다고 생각하는 것이다.

대학 생활은 꿈을 꾸고 그 꿈을 향해 도전하고 노력해야 하는 시기다. 그렇지만 많은 대학생들이 새 학기가 되면 살 곳을 구하지 못해 고생을 하고 있다. 살 곳을 구한 대학생들도 월세 부담이 크고 열악한 환경에서 살아야 하는 경우가 많다. 이제는 대학생들의 주거 문제를 개인적인 문제로 생각할 것이 아니라 사회가 관심을 가지고 이 문제를 해결하려고 적극적으로 노력해야 할 것이다.

1. 윗글의 내용과 같은 것을 고르십시오.

❶ 대학생들의 주거 문제는 개인이 해결해야 한다.

❷ 새 학기가 되면 방을 구하는 것을 포기하는 대학생이 많다.

❸ 대학생들은 월세 부담을 줄이기 위해 함께 살 사람을 구한다.

❹ 지방 학생들은 기숙사에 들어가기 위해서 먼저 신청을 해야 한다.

2. 대학생들이 전세를 구하기 어려운 이유는 무엇입니까? 두 가지를 쓰십시오.

1) ____

2) ____

읽은 후에 해 봅시다

1. 대학생들의 주거 문제를 해결할 수 있는 방법에 대해서 이야기해 봅시다.

2. 방을 구할 때 어떤 방법으로 구합니까? 다음 방법의 장·단점에 대해서 이야기해 봅시다.

전단지	부동산	친구 소개	학교 게시판	부동산 어플(application)

어휘를 연습해 봅시다

1. 보기 에서 알맞은 단어를 골라 쓰십시오.

보기	몰리다	설레다	가득하다	한정되다	감수하다

1) 행복이 ________________ 집에서는 웃음소리가 끊이지 않는다.

2) 내일 여행을 떠난다는 생각에 마음이 ________________ 잠이 오지 않는다.

3) 공기가 좋은 시골에서 살려면 교통이나 시설의 불편함을 ________________ 한다.

4) 이 제품은 요즘 인기가 많지만 생산량이 ________________ 있어서 구입하기가 어렵다.

5) 백화점에서 과일을 깜짝 세일 한다는 방송을 하자마자 사람들이 과일코너로 ________________

조선시대 교육기관

초등 교육 기관: 서당

　　개인이 설립한 사설 초등 교육기관으로 교육에 뜻이 있는 사람이라면 누구나 세울 수 있다. 한문의 독해력과 유교에 대한 초보적인 지식을 이해시키는 것이 목적이다.

중등 국립 교육기관: 사학(서울)과 향교(지방)

　　서당의 과정을 마치고 진학하는 중등 국립 교육 기관으로 서울의 사학과 지방의 향교가 있다. 사학은 조선시대에 서울의 동·서·중앙·남의 4부에 세운 학교이다. 향교는 교육뿐만 아니라 선조들의 제사를 모시는 역할도 담당했다.

대학 교육 기관: 성균관(서울)과 서원(지방)

　　성균관은 최고의 국립 교육 기관으로 입학 자격은 대체로 양반으로 국한되어 있다. 교육만을 담당하는 기관이 아니었고 유학의 역사에 공헌한 선조를 모시는 명륜당에서 제사를 모시는 역할도 했다. 서원은 인재를 양성하고 선조의 제사를 모시는 지방의 사립 교육 기관이다.

〈사진 출처: 문화재청〉

대중매체와 대중문화

학습목표

일상 생활 정보 습득 경로 (단위: %)
(한국은 1000명, 해외는 각국 500명 대상. 1순위 기준)

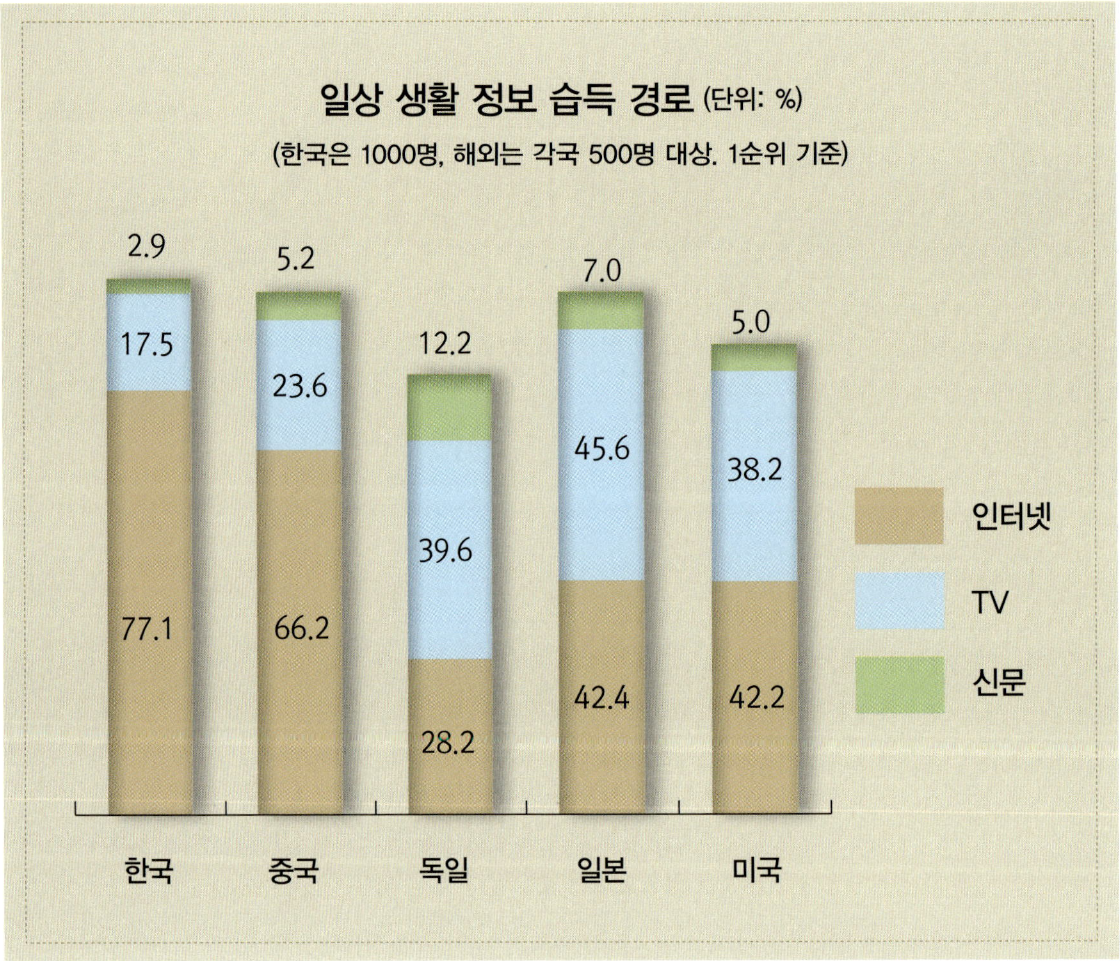

〈출처: etnews 2011. 12. 27.〉

이야기해 봅시다

1. 여러분이 가장 자주 사용하는 대중매체는 무엇입니까? 언제, 어떤 목적으로 사용합니까?

2. 과거와 비교해서 대중매체가 어떻게 달라졌습니까?

어휘와 표현

❋ 인터넷 이용과 관련된 어휘를 알아봅시다.

인터넷 이용 목적

정보 검색	소셜 네트워크 서비스(SNS)	메신저	블로그	다운로드	동호회
인터넷 학습	인터넷 쇼핑	인터넷 뱅킹	주식 거래	이메일	게임	구직 활동

인터넷 관련 어휘

댓글(답글)을 달다	N을/를 삭제하다
N을/를 올리다(업로드하다)	누리꾼(네티즌)
N을/를 내려받다(다운로드 받다)	로그인/로그아웃/아이디/비밀번호

생각해 봅시다

❋ 다음을 4개의 범주로 분류해 보고 각각의 특징을 알아봅시다.

EBS	다음(daum)	MBC	조선일보	SBS	네이버(naver)	한겨레	KBS
M-net	옥션(auction)	YTN	Google	JTBC	일간스포츠	국민일보	tvN

전파매체	TV(공중파)	EBS
	TV(케이블)	JTBC
인쇄매체	신문	한겨레
전자매체	포털 사이트	다음(daum)

같이 해 봅시다

❀ 다음 주제 중 하나를 선택하여 토의해 보고 공익광고 포스터를 만들어 봅시다.

1. SNS

◇ 사람들이 즐겨 이용하는 SNS와 그 특징

◇ SNS로 인한 긍정적인 변화

◇ SNS로 인한 부정적인 결과

2. 표현의 자유

◇ 인터넷상에서 표현의 자유가 지나쳐 생긴 부정적인 상황

◇ 부정적인 결과를 방지하기 위해 표현의 자유를 제한해야 하는가?

3. 스마트폰 사용

◇ 스마트폰으로 인한 긍적적인 변화

◇ 스마트폰으로 인한 부정적인 변화

◇ 스마트폰 사용이 지나친 경우 사용을 줄일 수 있는 방법

보기 **공익광고**

23 그 영화가 어떤 내용이길래 그래요?

말해 봅시다  29

마리오 쑤언 씨, 같이 영화를 보자더니 왜 얘기가 없어요?

쑤 언 인터넷 기사를 보니까 개봉 예정이었던 그 영화가 상영이 연기됐대요. 관람 등급이 아직 결정되지 않았나 봐요.

마리오 그 영화가 어떤 내용이길래 그래요? 다른 나라에서는 꽤 인기를 끌었다던데요.

쑤 언 기사에 의하면 일부 장면이 지나치게 폭력적이라 청소년 관람 불가가 될 가능성이 높대요. 주인공이 청소년들이고 내용도 현실에 가깝게 만들어졌다는데….

마리오 그렇다면 청소년 관람 불가가 되는 건 좀 맞지 않는 것 같아요.

쑤 언 듣고 보니 그렇군요. 그런데 요즘 개봉되는 영화들이 십중팔구 선정적이거나 폭력적인 것 같아요.

마리오 요즘 영화 제작자들이 너 나 할 것 없이 흥행에만 신경 써서 그런 게 아닐까요?

쑤 언 예전엔 감성을 자극하는 영화들이 많이 개봉되곤 했는데 요즘엔 그런 영화들을 찾아볼 수가 없어서 아쉽네요.

마리오 영화도 영화지만 관객들도 영화를 고를 때 심사숙고할 필요가 있다고 생각해요.

개봉	상영	연기되다	등급	인기를 끌다
폭력적	관람 불가	선정적	흥행	자극하다

알아봅시다

1 의문사 + 길래

'(interrogative)길래' is used when you ask the cause or reason of something unusual.

> 의문사 + 길래
> 의문사 V았/었/였길래
> 의문사 N(이)길래
> 의문사 V길래

가: 거기가 **어디길래** 내 목소리가 안 들릴 정도예요?
나: 콘서트장에 와 있으니까 나중에 통화해요.

가: **어떻게 공부했길래** 한국어가 이렇게 유창해요?
나: 다 한국 친구들 덕분이죠.

가: 미안하지만 얘기해 줄 수 없어요.
나: 도대체 **무슨 일이길래** 얘기를 못 해요?

가: 오늘 **누구를 만나길래** 하루 종일 거울만 봐요?
나: 그냥 알고 지내는 친구를 만나는 것뿐이에요.

2 -곤 하다

'-곤 하다' is used when the same action is repeated many times by the subject.

> AV곤 하다

가: 요즘 운동 삼아 산에 가는 사람들이 많대요. 등산 좋아하세요?
나: 예전에는 산에 자주 **가곤 했는데** 요즘은 시간이 없어서 통 못 갔어요.

가: 작년까지만 해도 가끔 **담배를 피우곤 했지만** 지금은 완전히 끊었어요.
나: 건강을 위해서 잘 하셨어요. 담배를 피워서 좋을 거 하나 없잖아요.

가: 어머니 말씀에 의하면 제가 어렸을 때 틈만 나면 **자곤 했대요.**
나: 어렸을 때는 잠꾸러기였군요.

가: 저는 요즘 수업 후에 친구들과 운동장에서 **농구를 하곤 해요.**
나: 농구라면 저만 한 사람이 없는데 오늘 나랑 시합해 볼래요?

3 사자성어

막상막하 (莫上莫下)	일취월장 (日就月將)	우후죽순 (雨後竹筍)	고진감래 (苦盡甘來)
일거양득 (一擧兩得)	동문서답 (東問西答)	십중팔구 (十中八九)	심사숙고 (深思熟考)

가: 유리 씨의 피아노 연주 실력이 **일취월장**하고 있어요.
나: 이제 미키 씨랑 **막상막하**일걸요.

가: 이번 일을 결정하기 전에 **심사숙고**하세요.
나: 아무리 심사숙고해서 결정해도 **십중팔구** 후회할 거예요.

가: 유학 생활은 한국어도 잘 배울 수 있고 인생의 경험도 쌓을 수 있어서 **일거양득**이에요.
나: 맞아요. 당장은 힘들지만 **고진감래**라는 말도 있잖아요.

가: 요즘 학교 근처에 커피숍이 **우후죽순**으로 생겨나고 있다면서요?
나: 저도 아까 커피 마셨어요.
가: 올가 씨는 오늘도 **동문서답**하는군요.

4 너 나 할 것 없이

'너 나 할 것 없이' means 'everybody', which removing the need to refer to 'you' or 'I' diversely.

너 나 할 것 없이

가: 요즘 너무 더운 것 같지 않니?
나: 아닌 게 아니라 **너 나 할 것 없이** 덥다고 난리더라.

가: 요즘 대기오염이 심각한 수준이에요.
나: **너 나 할 것 없이** 자가용을 이용하니까 더 오염이 심해지는 거지요.

가: 공항에 사람이 얼마나 많은지 늦게 갔으면 비행기도 못 탈 뻔했어요.
나: 휴가철이라 **너 나 할 것 없이** 해외여행을 가니까요.

가: 한국 사람들은 명절이 되면 **너 나 할 것 없이** 고향에 가는 것 같아요.
나: 생각이 좀 바뀌긴 했지만 많은 사람들이 명절에는 고향에 가야 한다고 생각해요.

연습해 봅시다

1. 아무리 생각해도 잘 모르겠고 왜 그런지 정말 궁금할 때가 있습니다. 다음 주제로 질문을 만들어 대화해 보세요.

[보기] 한국어를 아주 잘하는 사람에게

질 문	대 답
어떻게 공부했길래 이렇게 잘해요?	집중해서 공부했어요.
하루에 몇 시간 공부했길래 이렇게 잘해요?	수업시간에만 공부했어요.
어느 학교에서 배우길래 이렇게 말하기를 잘해요?	한국외대에서 배우는데요.
도대체 선생님이 누구길래 한국 사람처럼 한국어를 잘해요?	OOO 선생님이요.

[보기]	한국어를 아주 잘하는 사람에게
1)	기분이 아주 좋아 보이는 사람에게
2)	오늘 특별히 외모에 신경 쓴 사람에게
3)	자기 집에 친구들을 초대하지 않는 친구에게
4)	남자친구/여자친구를 친한 친구들에게 소개해 주지 않는 사람에게

2. 다음 주제에 대해 사자성어를 사용해서 자신의 생각을 이야기해 봅시다.

[보기] 광고　　　　1. K-POP　　　　2. 영화　　　　3. TV프로그램

막상막하 / 일거양득 / 일취월장 / 동문서답 / 우후죽순 / 십중팔구 / 고진감래 / 심사숙고

[광고]

요즘 광고를 보면서 발견한 것이 있습니다. 여성 속옷이나 화장품, 여성 생활용품까지 남자를 모델로 쓰는 광고가 우후죽순 생기고 있다는 것입니다. 이건 남성과 여성의 이미지가 변했기 때문인 것 같습니다. 예전에는 여성 용품 광고는 십중팔구 여자들이 모델이었는데 요즘은 남자 모델과 여자 모델의 비율이 막상막하인 것 같습니다.

들어 봅시다

듣기 전에 해 봅시다

1. 하루에 스마트폰을 얼마나 오래 사용합니까? 사용 시간이 적당하다고 생각합니까?

2. 다음 단어의 의미를 확인해 봅시다.

| 허다하다 | 대인 공포증 | 달래다 | 독이 되다 | 소통 | 제약 | 접하다 | 통로 |

듣고 해 봅시다

1. 여자의 생각과 맞는 것은 무엇입니까?

❶ 스마트폰의 긍정적인 측면을 인정할 수 없다.
❷ 스마트폰이 소통의 수단으로 중요한 역할을 한다.
❸ 나이에 상관없이 스마트폰 중독 현상이 나타난다.
❹ 스마트폰 사용은 개인적인 부분으로 사회적 문제가 되지 않는다.

2. 마지막 대화에 이어질 내용으로 적당한 것은 무엇입니까?

❶ 스마트폰의 편리성
❷ 스마트폰이 사회에 미친 영향
❸ 지나친 스마트폰 사용의 부정적 결과
❹ 스마트폰 중독을 예방할 수 있는 방법

3. 잘 듣고 빈칸을 채우십시오.

> 바쁘고 외로운 현대 사회에서 1) ________________으로 스마트폰만 한 것이 없어. 시간이나 공간의 2) ________________도 없고 말이야. 새로운 정보를 빠르게 접할 수 있을 뿐만 아니라 시민들이 직접 정치에 3) ________________ 의견을 내 놓을 수 있는 통로도 될 수 있다고.

들은 후에 해 봅시다

1. 스마트폰으로 할 수 있는 것과 없는 것을 이야기해 봅시다.

2. 스마트폰 중독을 막기 위해 할 수 있는 일로 어떤 것이 있습니까?

• 개인적 노력 : ____

• 사회적 노력 : ____

읽어 봅시다

읽기 전에 해 봅시다

1. 개인 방송을 시청한 적이 있습니까? 어떤 방송이었습니까?

2. 개인 방송이 많이 생겨나고 있는데 증가하는 이유가 뭐라고 생각합니까?

3. 다음 단어의 의미를 확인해 봅시다.

개념	상류층	전유물	선두	보급	제작하다	송출하다
보편화	참신하다	지상파	작용하다	염두에 두다	충실하다	주관

읽고 이해해 봅시다

개인 방송 시대 열려

"텔레비전에 내가 나왔으면 정말 좋겠네. 정말 좋겠네." 한국 사람이라면 어린 시절에 이 노래를 한 번쯤 불러 봤을 것입니다. 여러분, 방송을 보기만 하십니까? 방송의 개념이 점차 변화하고 있습니다. 정보가 상류층의 전유물이었던 시절이 있었으나 TV를 선두로 한 미디어의 발달은 정보의 대중화 시대를 열게 했습니다. 인터넷 발달을 넘어 스마트폰 보급의 확대는 시청자를 방송의 소비자로만 머물게 하지 않습니다.

누구나 방송을 제작하는 제작자가 될 수 있는 '개인 방송'이 젊은 층에서 큰 인기를 끌고 있습니다. 이 개인 방송에 대해 알아보도록 하겠습니다. 컴퓨터나 스마트폰만 있어도 방송을 제작하고 송출할 수 있는 '아프리카TV, 다음 팟, 유튜브' 같은 서비스들이 보편화 되면서 수많은 개인 방송이 생겨나게 되었습니다. 방송 진행자(BJ)가 방송을 하고 실시간으로 시청자들과 채팅을 하며 소통하는 것이 가장 큰 특징입니다. 자신만의 목소리와 개성을 바탕으로 새로운 커뮤니케이션 문화를 만들어가고 있습니다. 개인 방송은 많은 비용이 들지 않으며 많은 장비도 필요하지 않습니다. 참신한 아이디어와 방송을 채울 내용만 잘 갖추고 있으면 됩니다. 또한 지상파 방송보다 다양한 주제를 자유롭게 다룰 수 있다는 점이 무엇보다 매력으로 작용하고 있습니다. 이러한 이유로 방송 제작에 관심이 있었던 사람들이 너 나 할 것 없이 개인 방송 제작을 시도하고 있습니다.

뉴미디어라는 시대와 대중의 요구가 만나 생겨난 개인 방송, 그 인기가 계속해서 높아지고 있는데 억대 연봉의 제작자도 있다니 그 인기를 어느 정도 느낄 수 있습니다. 그러나 개인 방송이 가지고 있는 위험성을 염두에 두셔야 합니다. 정확하지 않은 정보 제공, 폭력성, 선정성 등으로 비판을 받곤 합니다.

개인 방송이 긍정적인 방향으로 발전하기 위해 문제점을 수정하고 해결할 방법을 찾아야 합니다. 1인 미디어라고 할 수 있는 개인 방송이 미디어로서의 역할에 충실하며 책임 의식을 가지고 더 나은 방송으로 제작되어야 할 것입니다. 또한 개인 방송이 우후죽순으로 생겨나는 이때에 시청자들이 주관을 가지고 바른 선택을 할 지혜가 더욱 필요하다고 봅니다.

1. 이 글의 내용과 같으면 O, 다르면 X 표 하십시오.

❶ 컴퓨터나 스마트폰만으로도 개인 방송이 가능하다.　　　　O　X

❷ 개인 방송은 대중의 요구에 빠르게 반응할 수 있다.　　　　O　X

❸ 스마트폰 사용자가 늘면서 점점 정보의 소비자가 되고 있다.　　　　O　X

❹ 수입이 높기 때문에 많은 사람들이 개인 방송 제작을 시도한다.　　　　O　X

2. 단락별로 알맞은 주제를 찾아 밑줄을 그어 봅시다.

❶ 첫 번째 단락 •   • 문제 해결을 위한 방법

❷ 두 번째 단락 •   • 개인 방송의 특징과 매력

❸ 세 번째 단락 •   • 개인 방송의 인기와 위험성

❹ 네 번째 단락 •   • 시대에 따라 변화하는 방송

읽은 후에 해 봅시다

1. 개인 방송을 제작한다면 어떤 내용으로 만들고 싶습니까?

2. 개인 방송을 하나 시청하고 시청 소감을 나누어 봅시다.

어휘를 연습해 봅시다

1. 보기 에서 알맞은 단어를 골라 쓰십시오.

보기	선두	주관	제작하다	참신하다	염두에 두다

1) 실패할 가능성을 전혀 ________________ 않고 일을 진행했다.

2) 흔한 사랑 이야기가 아닌 ________________ 내용의 드라마가 제작되었다.

3) 그는 어려운 상황에서도 팀의 ________________ 서서 위기를 극복해 나갔다.

4) 선생님은 고집이 세다는 표현을 ________________ 뚜렷하다는 말로 좋게 표현하셨다.

5) 크기나 디자인을 구매자의 요구에 따라 ________________ 판매하는 가구 회사가 늘고 있다.

24 근거 없는 소문으로 인해서 큰 피해를 입잖아

말해 봅시다 

지영 상우야, 인터넷에 올라온 기사 봤니? 그 연예인에 대한 소문으로 시끄럽더라. 기존의 이미지와 너무 달라서 믿을 수 없을 정도야.

상우 나도 봤는데 그냥 헛소문일 듯싶어.

지영 아니 땐 굴뚝에 연기 나겠어? 뭔가 있으니까 그런 소문도 나는 거지.

상우 무턱대고 믿을 일도 아니야. 소문을 퍼뜨린 사람은 책임지지 않고, 당사자는 그런 근거 없는 소문으로 인해서 큰 피해를 입잖아.

지영 그건 그래. 그 기사 아래에 댓글이 수백 개가 달렸는데 악성 댓글이 대부분이었어.

상우 연예인들이 헛소문이나 악성 댓글 때문에 우울증에 걸리고 정신과 치료까지 받는다잖아. 언어 폭력이 얼마나 큰 문제인지 몰라.

지영 작년에 헛소문 때문에 활동을 중단한 가수가 이번 달부터 다시 활동을 시작한대. 잠시나마 쉬고 나서 마음의 안정을 찾았나 봐.

상우 다시 활동을 시작한다니 다행이지만 그 가수에게는 평생 잊을 수 없는 상처가 됐을 거야.

지영 그런데 요즘은 대중의 관심을 받는 연예인들뿐 아니라 일반인들까지도 소문의 대상이 되는 것 같아. 물론 논란의 정도는 연예인만 못하지만 말이야.

상우 스마트폰 사용으로 인터넷을 쉽게 사용할 수 있으니까 그럴 거야. 우리들이 스마트폰을 잘 사용해야 할 듯싶다.

기존	헛소문	아니 땐 굴뚝에 연기 날까	무턱대고	퍼뜨리다
당사자	피해를 입다	악성 댓글	중단하다	논란

1 -(이)나마

'-(이)나마' means 'it is neither good nor enough, however', and it is used when one does not like something very much, but must be satisfied for that situation.

> N(이)나마
> DV게나마

가: 요즘 무더위가 계속돼서 걱정이네요.
나: 그래도 어제 **잠시나마** 소나기가 내려서 다행이에요.

가: 시간이 별로 없는데 여기에서 그만두는 게 어떨까요?
나: 그래도 남은 **시간이나마** 열심히 해 봅시다.

가: 별거 아닌데 **조금이나마** 도움이 되셨으면 해요.
나: 별거 아니라니요. 정말 큰 도움을 주셔서 감사합니다.

가: 이것에 대해 설명해 주십시오.
나: 제가 **부족하게나마** 설명을 해 보겠습니다.

2 -(으)ㄴ/는 듯싶다

'-(으)ㄴ/는 듯싶다' is a guess or supposition, and it means 'you feel like that, or it seems like that.'

> N이었/였을 듯싶다
> DV았/었/였을 듯싶다
> AV(으)ㄴ 듯싶다, AV았/었/였을 듯싶다
> N인 듯싶다, N일 듯싶다
> DV(으)ㄴ 듯싶다, DV을 듯싶다
> AV는 듯싶다, AV을 듯싶다

가: 리사 씨가 요즘 통 안 보이는데 소식 들은 거 있어요?
나: 취직을 해야 한다더니 고향에 **돌아간 듯싶어요.**

가: 그 교수님이 이 분야에서는 **최고인 듯싶어요.**
나: TV에도 출연하시는 걸 보면 그런 것 같아요.

가: 입어보시니까 어떠세요?
나: 디자인은 좋은데 저한테 좀 **작은 듯싶어요.**

가: 최근 출시된 제품이 여성들에게 **인기가 있을 듯싶어요.**
나: 디자인이나 색상을 보니까 그럴 것 같네요.

3 –만 못하다

'–만 못하다' means something is not better than Noun, or something is not good.

> N만 못하다

가: 여행은 즐거우셨어요?
나: 집 떠나면 고생이죠. 아무리 좋은 곳도 **제 집만 못하잖아요.**

가: 새로 구입한 노트북 어때요?
나: 성능이 **예전 것만 못한 것 같아요.**

가: '과유불급(過猶不及)'이라는 말이 무슨 뜻이에요?
나: 지나친 것은 **모자란 것만 못하다는** 말이에요.

가: 너무 꼼꼼히 하는 거 아냐? 시간이 너무 오래 걸리잖아.
나: 일을 제대로 안 하면 아예 **안 하는 것만 못하니까.**

4 –(으)로 인하다

'–(으)로 인하다' indicates a cause or reason for something, and it is usually used in the formal and literary style.

> N(으)로 인해서 V
> N(으)로 인한 N

가: 교통사고 뉴스 봤어요?
나: 네. 어제 발생한 **교통사고로 인해서** 인명피해가 많았다죠?

가: 현대인의 질병은 대부분 **스트레스로 인해서** 생긴대요.
나: 스트레스를 잘 풀면서 사는 게 중요하겠네요.

가: 이 제품은 교환이나 환불이 가능한가요?
나: 네. 가능합니다. 단 고객님의 **부주의로 인한** 문제는 저희가 책임지지 않습니다.

가: 중산층이 무너지고 있다는 기사가 종종 나오네요.
나: **빈부격차로 인한** 문제를 해결하는 것이 시급한 것 같아요.

연습해 봅시다

1. 자기와 생각이 다른 친구를 설득해 보세요.

> **보기** **여름휴가를 보내는 방법**
>
> 가: 이번 휴가 때 시원한 바다에 가서 놀다 올래요?
>
> 나: 바다가 시원하긴 한데 산도 바다 못지않게 시원해요. 산에는 나무가 많아서 공기도 맑고 얼마나 좋은지 몰라요.
>
> 가: 그래도 산이 바다만 못하지요.
>
> 나: 무슨 소리예요? 산에 가서 등산을 하면 운동도 되니까 일석이조잖아요.
>
> 가: 등산이 얼마나 힘든지 알아요? 휴가지라면 바다만 한 데가 없죠. 산에 가면 후회할게 뻔해요.
>
> 나: 요즘 등산이 대세인 거 몰라요? 이왕 휴가를 갈 거면 산으로 갑시다.

보기	여름휴가를 보내는 방법
1)	스트레스를 제대로 푸는 방법
2)	한국어를 유창하게 구사할 수 있는 방법
3)	마음에 드는 이성 친구의 마음을 얻는 방법
4)	더운 여름에/추운 겨울에 건강을 지키는 방법

2. 신문기사 '헤드라인'을 읽고 어떤 내용일지 '―듯싶다'를 사용해서 추측해 봅시다.

> **보기** **라면시장 침체, 비빔면 웃었다**
>
> 한국은 라면 소비량이 가장 높은 나라인데 요즘 라면의 인기가 좀 떨어지고 비빔면의 판매량이 증가한 듯싶어요. 더운 여름이라 뜨거운 국물이 있는 라면에 비해 차갑게 먹을 수 있는 비빔면이 잘 팔리는 듯싶네요. 추운 겨울이 오면 다시 라면이 웃는 날이 오겠지요.

보기	라면 시장 침체, 비빔면 웃었다
1)	예상되는 폭설, 월동 준비 시작
2)	서울 소형 아파트 가격 상승, 대형의 5배
3)	콧대 높던 명품마저 "안 나가네" 우울한 세일
4)	상상하는 모든 것을 배달합니다. 아이디어가 비즈니스!

들어 봅시다

듣기 전에 해 봅시다

1. 물건을 구입하는 데에 광고가 어느 정도 영향을 줍니까?

2. 어떤 광고가 잘 만들어진 광고라고 생각합니까? 예를 들어 말해 보세요.

3. 다음 단어의 의미를 확인해 봅시다.

근육	순진하다	속다	사은품	충동 구매
관심을 끌다	상상에 맡기다	강화시키다	법적 규제	

듣고 해 봅시다

1. 들은 내용과 일치하는 것은 무엇입니까?

❶ 과장 광고와 충동 구매는 관계가 없다.

❷ 여자는 과장 광고로 인한 피해를 처음 당했다.

❸ 여자는 홈쇼핑에서 산 화장품 세트를 환불 받았다.

❹ 남자는 광고에 약간의 과장이 들어가는 것을 당연히 여긴다.

2. 남자와 여자가 과장 광고의 피해를 줄이는 방법으로 제시한 것은 무엇입니까?

1) 남자: ____

2) 여자: ____

3. 잘 듣고 빈칸을 채우십시오.

> 광고에서는 화장품 크기도 더 커 보이고 고급스러워 보였는데 실제로 보니까 별로였어.
> 써 보니까 예전에 1) ______________________···. 난 이미 1/30이나 써버려서 반품도 못하고,
> 완전히 2) ______________________. 3) ______________________ 많이 받아서 다행이었지. 이런
> 일이 한두 번도 아니고 도대체 몇 번째인지 몰라.

들은 후에 해 봅시다

1. 과장 광고로 인해 피해를 당한 적이 있습니까? 자신의 경험을 이야기해 주세요.

2. 과장 광고로 인한 피해를 줄이는 데 효과적인 방법은 무엇이라고 생각합니까?

읽어 봅시다

읽기 전에 해 봅시다

1. 여러분이 자주 보는 텔레비전 프로그램은 무엇이며 왜 그 프로그램을 즐겨 봅니까?

2. TV 시청자의 비평은 방송에서 어떤 역할을 한다고 생각합니까?

3. 다음 단어의 의미를 확인해 봅시다.

보도하다	언론	신중하다	지적	치열하다	과감하다	굵다
과하다	민망하다	요소	오류	대체하다	호평	시대상

읽고 이해해 봅시다

TV 시청자 비평 – TV속으로

시청자 여러분 안녕하십니까? 지난 한주동안 방송된 프로그램에 대한 시청자 의견을 반영하여 보다 나은 방송으로 변화해 갈 것을 약속드립니다. 7월 마지막 주 'TV속으로'를 시작하겠습니다.

[1] 지난 21일 경기도에서 발생한 일가족 살인사건이 많은 이들에게 충격을 안겨 주었습니다. 그런데 보도를 하는 언론의 모습이 자극적이고 신중하지 못하다는 비판의 목소리가 높았습니다. 사건과 관계없는 자극적인 기사들이 쏟아져서 좋지 않았다는 이재원, 유옥선 님의 지적이 있었습니다. 다양한 매체의 등장으로 보도 경쟁이 치열해졌는데 보다 더 신중한 보도 자세가 필요할 듯싶습니다.

[2] 코미디 프로그램 '박장대소'는 참신한 아이디어와 재미로 많은 이들의 사랑과 인기를 얻고 있습니다. 사회 문제나 정치적인 내용까지 과감하게 개그 소재로 삼아 가려운 곳을 긁어주는 것 같이 시원하다는 평이 있었습니다. 하지만 몇몇 코너에서 과한 노출이 있어서 가족과 함께 TV를 보기가 민망했다는 김태숙, 송용근, 신소라 님의 의견이 있었습니다.

[3] 각국의 아름다운 곳을 소개하며 대표적인 먹거리를 소개하는 '우리의 지구촌'에 대한 의견입니다. 목요일 밤 11시에 방송되기 때문에 시청하기 어렵다는 의견이 있었습니다. 좋은 프로그램을 많은 사람들이 시청할 수 있도록 방송 시간대를 옮겼으면 한다고 김희숙,

박화연 님이 제안하셨습니다.

[4] 방송 언어에 대한 지적입니다. 특히 예능 프로그램에 자막을 많이 사용하게 되는데 자막은 재미를 더해주는 요소가 되기도 합니다. 방송 자막의 철자와 띄어쓰기 오류로 인해 방송 내용에 집중하기 어렵다는 의견입니다. 또한 영어를 대체하여 사용할 수 있는 한국말이 있음에도 불구하고 방송에서 아무런 생각 없이 영어를 사용하는 것은 보기 좋지 않다고 김순애 님 외에 여러 분이 의견을 주셨습니다. 한국어의 바른 사용을 위해 지상파 방송이 책임감을 가져야 하겠습니다.

[5] 시청자들의 호평을 받은 내용인데요. 역사드라마 '왕후'에 대한 의견입니다. 사극이지만 현대의 시대상을 잘 반영하고 있다는 평가를 받으면서 시청자들의 공감을 얻고 있습니다. 묻힐 수 있었던 역사 속 인물과 사건을 드라마를 통해서 알 수 있어서 좋았다는 이상용, 송현아 님의 평이었습니다.

1. 윗글의 내용과 맞는 것은 무엇입니까?

❶ 치열한 보도 경쟁으로 인해 다양한 매체가 등장하게 되었다.

❷ 드라마 '왕후'는 역사를 다루는 내용이지만 오늘날의 시대상을 담고 있다.

❸ 자막이 오히려 방송에 방해가 되는 경우가 많기 때문에 사용을 자제해야 한다.

❹ 코미디 프로그램인 '박장대소'는 사회·정치적인 문제를 다루므로 가족과 보기 민망하다.

2. [1]~[4]까지의 시청자 의견이 잘 받아들여진다면 어떻게 달라질지 써 보십시오.

[1]	
[2]	
[3]	
[4]	

읽은 후에 해 봅시다

1. TV 시청 중 위에 나온 내용과 비슷한 것을 느낀 적이 있으면 이야기해 봅시다.

사건과 관계가 적은 자극적인 기사	과한 노출	적절하지 않은 방송시간	방송언어

2. 여러분이 시청자로서 TV 광고나 프로그램에 대해 비평 또는 호평을 해 봅시다.

어휘를 연습해 봅시다

1. 보기 에서 알맞은 단어를 골라 쓰십시오.

보기	반영하다	보도하다	치열하다	과감하다	대체하다

1) 아직 인터넷을 _______________ 만한 매체는 없다.

2) 경제침체로 기업 간의 경쟁이 점점 _______________지고 있다.

3) 소설은 허구로 만들어진 이야기지만 작가의 성격과 삶을 _______________.

4) 그 뉴스 진행자는 사고현장을 _______________다가 눈물을 흘린 일로 유명해졌다.

5) 이게 아니라는 확신이 든다면 일이 진행되었다 해도 _______________ 바꿀 필요가 있다.

한국의 영화제

부산 국제 영화제

1996년에 한국 최초로 시작된 국제 영화제로 아시아 영화의 위상을 높이고자 하는 목적으로 창설되었다. 아시아 지역의 새로운 영화와 신인 감독들의 영화를 소개하기도 하고, 한국의 좋은 영화와 세계의 화제작을 관객들에게 보여주기도 한다.

부천 국제 판타스틱 영화제

1997년에 SF영화나 공포 영화 같은 판타스틱 장르 중심의 다양한 영화를 소개하는 것을 목적으로 개최됐다. 이 영화제는 자유로움과 개성을 가장 큰 특징으로 하며 심야영화 상영이나 감독과의 대화 예상하지 못한 배우들의 등장 등은 이 영화제를 더욱 매력적으로 만든다.

전주 국제 영화제

대안 영화와 디지털 영화를 소개하는 부분 경쟁을 도입한 비경쟁 영화제로 2000년에 전주에서 처음 열렸다. 주류 영화들과는 달리 실험 정신과 도전 의식이 강한 영화 작품들을 상영한다.

졸업과 사회생활

진학

창업

취업

학습목표

25
주제도입 졸업과 사회생활
같이 해 봅시다 창의력 면접 질문

26
말해 봅시다 졸업을 축하해요
알아봅시다 **1** –(이)나 다름없다 **2** –만(에)
3 –(으)면 좋으련만

연습해 봅시다
들어 봅시다 다양한 면접 방식
읽어 봅시다 신생 직업, 이색 직업

27
말해 봅시다 여러 나라와 관계가 있는 일을 하고자 합니다
알아봅시다 **1** –고자 하다 **2** –고도 남다
3 –듯이

연습해 봅시다
들어 봅시다 졸업 축사
읽어 봅시다 직장 생활 잘하는 법

문화를 배워 봅시다 한국의 기업

순위	잘못된 면접 예절
1	면접시간에 늦는다.
2	연봉 등 조건에만 더 관심이 많다.
3	옷차림이 단정하지 않다.
4	심각하고 어두운 표정으로 면접을 본다.
5	답변보다 질문이 더 많다.
6	회사에 대한 기본 정보가 부족하다.
7	면접 중 휴대폰 벨이 울린다.
8	면접 대기 중 졸고 있다.

이야기해 봅시다

1. 여러분이 면접관이라면 무엇을 중요하게 생각할 것 같습니까? 어떤 면접자에게 점수를 많이 주고 어떤 면접자에게 점수를 안 줄 것 같은지 이야기해 봅시다.

2. 취직을 하는 데에 중요하다고 생각하는 순위를 정하고 그 이유를 이야기해 봅시다.

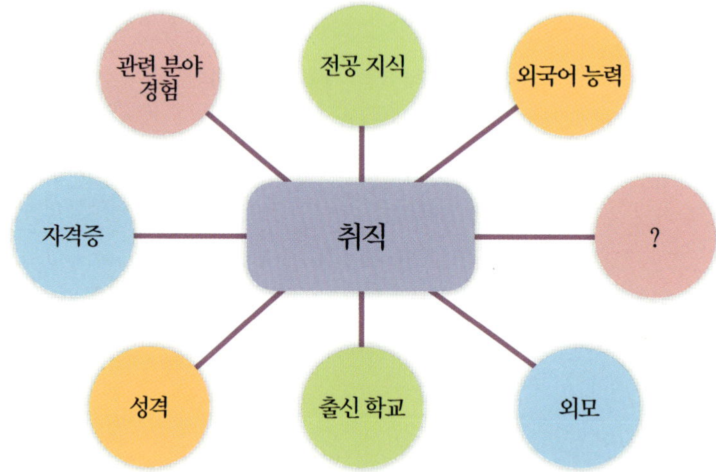

어휘와 표현

❉ '취업 준비'와 '회사 생활'에 관계된 기본 어휘입니다. 어휘의 의미를 알아봅시다.

취업 준비	회사 생활
구직자(취업준비생)	부서
인턴십	업무
취업 경쟁률	직급
입사 지원서	연봉
채용 공고	담당하다
취업 박람회	승진하다
자격증을 따다	이직하다
스펙을 쌓다	퇴직하다(퇴사하다)

생각해 봅시다

1. 이력서에 어떤 내용이 들어가야 합니까? 신장, 체중, 종교, 결혼의 유무 등을 기입하는 것을 어떻게 생각합니까?

2. 지원하고 싶은 분야나 회사를 생각하고 가상의 이력서를 작성해 보세요. 앞으로 쌓을 경력, 자격증 등을 상상해서 써 보세요.

같이 해 봅시다

❋ 다음은 각 기업의 면접시험에서 나온 창의력 면접 질문입니다. 자신의 개성 있는 이야기와 아이디어로 면접관을 설득해 보세요.

창의력 면접 질문

- 흡연과 도박의 장점은 무엇입니까?
- 아이들을 어떻게 하면 웃게 할 수 있을까요?
- 슈퍼 영웅이 될 수 있다면 누가 되고 싶습니까?
- 자신을 잘 표현할 수 있는 그림을 그려 보십시오.
- 지금 면접관들 앞에 있는 생수를 팔아 보십시오.
- 시각 장애인에게 노란색을 어떻게 설명하겠습니까?
- 네팔의 에베레스트를 한국으로 옮기려면 어떻게 해야 합니까?
- 올해 여름에 집중 호우로 광화문이 물에 잠겼습니다. 당신이 시장이라면 내년 집중호우에 어떻게 대비하겠습니까?

일반적인 면접 질문

- 자신의 장점과 단점은 무엇입니까?
- 당신에게 직장의 의미는 무엇입니까?
- 우리 회사에 지원한 동기가 무엇입니까?
- 최근 사건(시사적인 문제)에 대한 본인의 생각은 무엇입니까?
- 지금까지 살면서 가장 힘들었던/행복했던 순간은 언제였습니까?

❋ 위와 같이 면접시험에서 일반적인 면접 질문이 아닌 창의적인 대답을 요구하는 질문을 하는 이유가 무엇이라고 생각합니까?

26 졸업을 축하해요

말해 봅시다

페이 지영 씨, 졸업을 축하해요. 졸업 가운이 잘 어울리네요.

지영 고마워요. 한국 졸업식은 처음이지요?

페이 네. 사람들이 정말 많이 왔는데 졸업식에 가족들도 다 오나 봐요.

지영 가족뿐이겠어요? 친척들까지 오는 경우도 많아요. 한국 졸업식은 가족 잔치나 다름없다고
할 수 있지요.

페이 가족들이 와서 축하해 주는 게 참 좋아 보이네요. 지영 씨는 얼마 만에 졸업하는 거예요?

지영 어학 연수 때문에 졸업을 1년 미뤄서 5년 만이네요. 뭐, 이런 저런 이유로 휴학을 하기도
하고 졸업을 미루기도 해서 4년 만에 졸업하는 학생들이 별로 없어요. 물론 3년 반 만에
조기 졸업하는 학생들도 있지만요.

페이 나도 조기 졸업을 하면 좋으련만…. 조기 졸업은커녕 제때에 졸업하기도 어려울 것 같아요.
지영 씨는 좋은 회사에 취업도 했으니 더욱 기쁘겠어요.

지영 일자리를 못 찾을까 봐 마음고생을 했는데 취직이 돼서 다행이에요. 페이 씨, 제가 힘들었을
때 많은 도움을 줘서 고마워요.

페이 무슨 말이에요. 지영 씨가 저를 잘 챙겨줬잖아요.

지영 우리 부모님하고 식사하러 갈 건데 페이 씨도 같이 가요. 다른 친구들도 가니까 부담 갖지
말고 가요.

페이 좋아요. 지영 씨 덕택에 오늘 맛있는 점심까지 얻어먹게 생겼네요.

가운	미루다	조기 졸업	챙겨주다	덕택	얻어먹다

알아봅시다

1 -(이)나 다름없다

'-(이)나 다름없다' means 'something is similar with Noun, or it is the same as Noun'.

N(이)나 다름없다

가: 노트북 멋진데 누구 거야?
나: 우리 형 건데 내가 더 자주 쓰니까 **내 거나 다름없어**.

가: 강아지를 키우는군요.
나: 네. 8년을 같이 살았으니까 이제 **가족이나 다름없어요**.

가: 서울이 고향이세요?
나: 고향은 아닌데 한 30년 살았으니까 **고향이나 다름없어요**.

가: 어제 잘 잤어요? 저는 시험공부를 하느라고 1시간밖에 못 잤어요.
나: 피곤하겠어요. 1시간밖에 못 잔 것은 **안 잔 거나 다름없지요**.

2 -만(에)

'-만(에)' means that it takes N time until the following action is completed.

N 만(에)

가: 도대체 이게 얼마 만이에요?
나: 한 **10년 만**이네요. 그동안 잘 지냈지요?

가: 만난 지 얼마 만에 결혼하시는 거예요?
나: 딱 **1년 만**이에요.

가: 미키 씨는 벌써 갔어요?
나: 급한 일이 있다면서 온 지 **10분 만**에 가 버렸어요.

가: 고향에 가신다고 들었는데 얼마 만에 가는 거예요?
나: 이번에 가면 **2년 만**에 가는 거네요.

3 –(으)면 좋으련만

'–(으)면 좋으련만' is used when expecting a situation when talking to oneself, or in the literary style.

> N이었/였으면 좋았으련만
> V았/었/였으면 좋았으련만
> N(이)면 좋으련만
> V(으)면 좋으련만

가: 언어 교환하는 사람과 만났어요?

나: 어제 처음 만났는데 좀 무뚝뚝해 보이더라고요. **상냥한 사람이었으면 좋았으련만**…….

가: 그 집이 마음에 드시면 오늘 계약하시는 게 어떠세요?

나: 아, 거실이 좀 더 **컸으면 좋았으련만**……. 다섯 식구가 쓰기에는 좀 작을 듯해요.

가: 오늘 학생식당 메뉴가 김치찌개랑 오징어덮밥이래.

나: 날씨도 더운데 **시원한 냉면이면 좋으련만**…….

가: 일기예보를 들으니까 주말에 비가 온다는데 어쩌죠?

나: 그러게 말이에요. 여행을 취소해야 할까 봐요. **날씨가 맑으면 좋으련만**…….

연습해 봅시다

1. 옛날 친구 또는 알고 지내던 사람을 오랜만에 만난 적이 있습니까? 대화를 만들고 헤어진 후 어떤 생각을 할지 문장으로 표현해 봅시다.

보기

 짝사랑했던 여자/남자를 10년 만에 우연히 만났을 때 

만났을 때 대화	헤어진 후 생각
가: 혹시 리사 씨 아닌가요? 나: 상우 씨! 이게 얼마 만이에요? 가: 한 10년 만이네요. 리사 씨는 옛날이나 다름없이 예쁘군요. 나: 예쁘긴요. 상우 씨는 10년 전이나 다름없이 칭찬을 잘 하시네요.	리사 씨를 만나게 될 줄은 꿈에도 몰랐다. 내가 좀 더 멋있는 옷을 입고 있었으면 좋았으련만⋯. 10년 만에 만났는데 나이가 좀 들어 보이긴 했지만 여전히 아름다웠다. 다시 만날 수 있으면 좋으련만, 아까 너무 놀라서 연락처도 못 물어봤네.

보기	짝사랑했던 여자/남자를 10년 만에 우연히 만났을 때
1)	싸워서 오랫동안 안 만난 친구와 화해하려고 만났을 때
2)	오랜만에 고향에 갔는데 길거리에서 고향 어르신을 만났을 때
3)	폭식으로 인한 위장병 때문에 병원에 갔는데 친구가 의사였을 때
4)	유학 생활이 끝나고 고향에 돌아가 예전에 자주 가던 단골 식당에 갔을 때

2. 밑줄 친 곳에 단어를 넣어 완성한 후 그렇게 생각하는 이유에 대해 이야기해 봅시다.

(나에게) ＿＿＿＿＿＿＿＿＿은/는 ＿＿＿＿＿＿＿＿＿(이)나 다름없다.

보기

(나에게) ＿＿청소＿＿은/는 ＿＿취미＿＿(이)나 다름없다.

취미라는 것은 자기가 좋아하고 즐기는 일을 말하는데 나는 청소하는 것이 아주 즐겁다. 남들에게는 하기 싫은 일이겠지만 나는 집을 청소하면 내 마음까지 정리가 되는 기분이 들어서 시간이 날 때마다 청소를 한다. 또한 나는 청소를 운동 삼아 하기도 한다. 그렇기 때문에 나에게 있어서 청소는 취미나 다름없다고 할 수 있다.

들어 봅시다

듣기 전에 해 봅시다

1. 면접관이 질문하고 구직자가 답하는 일반적인 면접 방식이 직원을 뽑는 데 효과적이라고 생각합니까? 그렇지 않다면 어떤 면접 방식이 효과적이라고 생각합니까?

2. 다음 단어의 의미를 확인해 봅시다.

특이하다	팀워크(teamwork)	인성	리더십(leadership)	협동심
의도	틀에 박히다	업무	팁(tip)	

듣고 해 봅시다

1. 들은 내용과 **다른** 것을 고르십시오.

❶ 등산 면접은 구직자의 체력을 테스트하는 것이 아니다.

❷ 여자는 술을 잘 못 마시기 때문에 술자리 면접이 불리하다.

❸ 여자는 새로운 면접 방식에 대해 정보를 갖고 있지 않았다.

❹ 기존의 면접 방식은 구직자의 비슷한 조건으로 인해 직원을 뽑기가 쉽지 않다.

2. '제일회사'에서 술자리 면접을 하는 이유가 무엇인지 고르십시오.

❶ 구직자의 체력을 평가하기 위해

❷ 구직자의 주량을 평가하기 위해

❸ 구직자의 협동심을 평가하기 위해

❹ 구직자의 사회성을 평가하기 위해

3. 최근 기업들이 새로운 면접 방식을 시도하는 이유는 무엇인지 듣고 쓰십시오.

들은 후에 해 봅시다

1. '요리 면접, 축구 면접, 토론 면접, 사우나 면접, 노래방 면접'에서 구직자의 어떤 점을 중요하게 평가할 것 같습니까?

요리 면접	
축구 면접	
토론 면접	
사우나 면접	
노래방 면접	

2. 새로운 면접 방식을 만든다면 어떤 것을 만들겠습니까?

읽어 봅시다

읽기 전에 해 봅시다

1. 여러분 나라에서만 특별히 있는 직업이 있습니까?

2. 다음 단어의 의미를 확인해 봅시다.

추구하다	욕구	성분	유망하다	떠오르다	평판	수납
노하우(knowhow)	모유 수유	주목	사료	장의사	적성	취직난

읽고 이해해 봅시다

신생 직업, 이색 직업

세상에 존재하는 직업은 종류가 매우 다양한데 고용노동부 자료에 의하면 우리나라에만 13,605개의 직업이 있다고 한다. 직업은 우리가 사는 세상을 반영한다. 사회의 요구에 따라 없던 직업이 새로 생기기도 하고 있던 것이 사라지기도 한다. 신생 직업과 함께 우리가 잘 알지 못하는 이색 직업들이 많이 있는데 그 중에서 몇 가지를 살펴보자.

삶의 질을 추구하는 사람들의 다양한 욕구를 만족시키기 위해 새로 생겨난 직업이 있다. '워터 소믈리에'라는 직업은 물의 종류와, 성분, 물의 맛을 구분해서 개인에게 맞게 물을 추천해주는 직업이다. 소비자의 입맛이 다양해지고 고급화되면서 이 직업은 미래의 유망한 직업으로 떠오르고 있다.

'평판 관리 전문가'는 개인이나 기업의 평판을 관리해 주는 사람을 말하는데 쉽게 말하자면 입소문 관리자라고 할 수 있다. 주로 온라인에서 활동하며 개인이나 기업, 브랜드의 좋은 이미지를 만들고 유지하는 것을 목표로 한다.

'정리 수납 전문가'는 가정이나 회사 등을 찾아가 정리·수납의 문제점을 찾고 물건을 분리하여 정리·수납할 수 있도록 노하우를 소개해 주는 전문가이다.

'모유 영양 분석가'는 모유 수유에 대한 관심이 증가하면서 최근 주목 받고 있는 직업이다. 아기한테 건강한 모유를 먹이고 있는지, 모유양이 부족하지 않은지 등 모유 건강 체크를 원하는 부모들이 늘고 있다.

애완동물을 키우는 사람들이 늘어나고 삶의 여유가 생김에 따라 애완동물 관련 직업도 많이 생겨나고 있다. 예를 들면 '애완동물 사료 평가사', '애완동물 장의사', '애견 유치원 교사', '애완동물 사진사' 같은 직업이다.

'직업 상담사'는 일을 찾는 사람에게 적성검사, 흥미검사 등을 실시하고 직업 정보를 제공하며, 직업 선택, 취직 활동 등을 전문적으로 돕는다. 세상에는 수많은 직업이 존재하고 계속해서 새로 직업들이 생겨남에도 불구하고 취직난은 여전히 우리 사회의 문제이다. 또한 자라나는 청소년들이 자기에게 맞는 직업을 찾아내는 것도 중요하기 때문에 '직업 상담사'의 역할이 아주 크다고 본다.

㈎ 사회의 변화에 따라 직업의 세계도 달라지고 다양해지고 있다. 세상에는 여러 직업이 존재함을 기억하고 자신의 적성과 흥미에 맞는 직업이 무엇인지 발견해야 할 것이다.

1. 이 글의 내용과 같으면 O, 다르면 X표 하십시오.

❶ 직업이 우리가 사는 사회에 변화를 일으킨다.　　　　　　　　O　X

❷ '워터 소믈리에'는 소비자의 취향에 맞게 물을 추천해 주는 일을 한다.　　O　X

❸ '모유 영양 분석가'는 모유의 우수성을 알리고 모유 수유를 권장하는 일을 한다.　O　X

❹ '직업 상담사'는 직장 생활에서 오는 고민과 스트레스를 해결해 주는 일을 한다.　O　X

2. 문장 ㉮의 예로 어울리지 **않는** 것을 고르십시오.

❶ 스마트폰 사용이 대중화되면서 스마트폰 앱 개발자라는 직업이 생겼다.

❷ 한 조사결과에 따르면 한국 중·고등학생들의 희망 직업 1위는 초등학교 교사라고 한다.

❸ 고령화 사회가 진행되면서 노후 설계에 대한 관심이 증가하여 '노후 설계 전문가'라는 신종 직업이 확대될 예정이다.

❹ 온라인 구매가 활발해지면서 판매 상품이 소비자가 구입할 가치가 있는 상품인지 알아 보는 '소셜커머스 품질 관리자'라는 직업이 주목을 받고 있다.

읽은 후에 해 봅시다

1. 많은 직업들이 사라지기도 하고 생겨나기도 합니다. 미래에 어떤 직업이 사라지고 어떤 직업이 사라지지 않을 거라고 봅니까?

2. 이색 직업 중 하나를 조사하여 이야기해 봅시다.

어휘를 연습해 봅시다

1. 보기 에서 알맞은 단어를 골라 쓰십시오.

보기	존재하다	추구하다	유망하다	평판	주목 받다

1) 누구나 자신의 행복을 ＿＿＿＿＿＿＿＿＿ 마련이다.

2) 이 세상에 ＿＿＿＿＿＿＿＿＿ 모든 생명체에는 가치가 있다.

3) 그 사람에 대한 마을 사람들의 ＿＿＿＿＿＿＿＿＿ 좋지 않다.

4) 일류대학은 아니지만 장래성이 ＿＿＿＿＿＿＿＿＿ 학과에 지원했다.

5) 그는 수학 분야에서 뛰어난 재능을 보여 세계적으로 ＿＿＿＿＿＿＿＿＿ 있다.

27 여러 나라와 관계가 있는 일을 하고자 합니다

말해 봅시다  35

면접관 　마리오 씨, 국적이 멕시코네요. 한국에 오게 된 동기에 대해 말씀해 주세요.

마리오 　K-POP을 좋아해서 한국어를 배우게 됐고 한국어의 매력에 빠져 한국으로 유학을 왔습니다.

면접관 　지원서를 보니까 학부 전공은 역사학인데 무역 회사에 지원한 특별한 이유라도 있나요? 전혀 관계없는 분야인 것 같은데요.

마리오 　저는 앞으로 여러 나라와 관계가 있는 일을 하고자 합니다. 무역 회사가 제 꿈을 이룰 수 있는 곳인 듯싶어 지원하게 됐습니다. 전공은 역사학이지만 무역 회사에서 인턴십 경험이 있기 때문에 업무에 큰 어려움은 없을 거라고 생각합니다.

면접관 　마리오 씨는 한국 사람이 말하듯이 자연스럽게 한국어를 쓰는데 특별한 비법이 있습니까?

마리오 　저는 대학 생활을 하는 동안 공부뿐 아니라 아르바이트를 통해 한국어를 익혔습니다.

면접관 　그렇군요. 그럼 한국 유학 생활을 통해 얻은 것이 있다면 무엇인지 말씀해 주세요.

마리오 　저는 한국 유학 생활을 통해서 한국 문화를 보다 잘 이해하게 됐을 뿐만 아니라 가족과 떨어져 살면서 생활에 대한 책임감을 배울 수 있었습니다. 또한 기숙사에서 공동 생활을 하면서 원만한 인간관계에 대해서도 알게 됐습니다. 유학 생활은 제 인생의 가장 소중한 경험이 되고도 남습니다.

면접관 　무역 회사 직원으로서 갖추어야 할 것은 무엇이라고 봅니까?

마리오 　외국어 능력이 필수라고 생각합니다. 외국어 실력은 바로 자신과 회사의 경쟁력이라고 생각하기 때문입니다.

면접관 　네. 알겠습니다. 오늘 면접은 여기까지입니다. 수고하셨어요.

동기	분야	무역 회사	인턴십	비법	익히다
책임감	공동 생활	원만하다	필수	경쟁력	

알아봅시다

1 -고자 하다

'-고자 하다' has the same meaning as '-(으)려고 하다', which is used when you have a reason to do an action.

AV고자 하다

가: 이것으로 제 발표를 **마치고자 합니다.** 들어 주셔서 감사합니다

나: 수고하셨습니다. 내용이 아주 인상적이군요.

가: 나중에 어떤 일을 하고 싶어요? 장래희망이 있습니까?

나: 네. 저는 미래에 슈바이처 박사 같은 의사가 **되고자 합니다.**

가: 이 회사에 지원한 동기가 무엇인가요?

나: 어렸을 때부터 키워 온 제 꿈을 **펼치고자 지원했습니다.**

가: 저는 한국어뿐만 아니라 한국문화를 **배우고자 한국에 왔습니다.**

나: 한국문화를 직접 체험하면서 제대로 잘 배워 가시기 바랍니다.

2 -고도 남다

'-고도 남다' means that there is sufficient resources or time to do something.

AV고도 남다

가: 손님 5명이 오시는데 음식이 부족하지는 않을까요?

나: 손이 왜 이렇게 커요? 이정도면 10명이 **먹고도 남겠어요.**

가: 마이클 씨가 1시간 전에 출발한다고 전화했는데 아직 안 오네요.

나: 1시간이면 **도착하고도 남을** 시간인데 이상하네요.

가: 5급에 꼭 가야 하는데 진급할 수 있을지 모르겠어요.

나: 숙제도 꼬박꼬박하고 시험까지 잘 봤는데 무슨 걱정이에요? 5급에 **가고도 남지요.**

가: 친구한테 주려고 만들었는데 좋아할지 모르겠어.

나: 그 친구가 진짜 부럽다. **감동하고도 남을 것 같은데.**

3 –듯이

'–듯이' is a metaphoric expression, which means the content in the first clause is the same as the content of the second clause.

V듯이

가: 한국 생활이 외롭지 않아요?
나: 한국친구들이 자기 가족을 **대하듯이** 잘 챙겨줘서 괜찮아요.

가: 세상에는 참 다양한 문화가 존재하는 것 같아요.
나: 나라마다 언어가 **다르듯이** 문화도 다르니까요.

가: 이번 달 카드 값이 어마어마하게 나올 거 같아요.
나: 이번 달에도 돈을 **물 쓰듯이** 썼다는 말이군요.

가: 에릭 씨, 이제 알겠지요? 모르는 게 있으면 언제든 물어 보세요.
나: 지영 씨, 마치 선생님이 **말씀하듯이** 말하는군요.

연습해 봅시다

1. 한 명은 면접관, 한 명은 면접자가 되어 모의 면접을 해 봅시다.
 (면접자는 '–고자 하다'를 한 번 이상 사용하십시오.)

게임 회사	무역 회사	항공사	은행	백화점	경찰	화장품 회사	호텔

보기 **게임 회사**

가: 우리 '신나라' 게임 회사에 지원한 이유는 무엇입니까?

나: 저는 안 해본 게임이 없으며 각 게임의 장단점에 대해 잘 알고 있습니다. 게임 회사 직원으로 제가 제격이라고 생각합니다.

가: 우리 회사에서 어떤 일을 맡아서 해 보고 싶습니까?

나: 제가 이 회사에서 일할 수 있다면 흥미롭고 다양한 게임을 만들어 보고자 합니다.

가: 경쟁력을 갖추려면 우리 회사가 무엇을 해야 한다고 봅니까?

나: 홍보를 많이 해야 한다고 생각합니다. 우리 회사에서 개발한 게임을 지하철, 인터넷, TV 등으로 많은 사람들에게 알리는 것이 중요합니다.

가: 마지막으로 하고 싶은 말이 있으십니까?

나: 저를 뽑아 주십시오. 겸손하게 배우는 자세로 일하며 제 자신과 '신나라' 회사를 발전시키고자 노력하겠습니다.

2. 빈칸에 들어갈 말로 적당한 것을 보기에서 찾아 써 보고 각 표현의 의미를 생각해 봅시다.

보기 밥 먹듯이 　 물 쓰듯이 　 비 오듯이 　 제집 드나들듯이 　 게눈 감추듯이

나는 우리 집 앞에 있는 옷가게에서 옷을 사곤 하는데 거기가 나의 단골가게이다. 그 가게에 1) _______________ 가기 때문에 가게 주인과 아주 친해져서 언니동생 하는 사이가 되었다. 어제도 신상품이 나왔다길래 그 가게에 갔는데 날씨가 얼마나 더웠는지 땀이 2) _______________ 흘렀다. 요새 돈을 3) _______________ 쓰는 바람에 용돈이 부족해서 티셔츠 한 벌로 만족해야 했다. 4) _______________ 쇼핑하는 나의 습관을 고쳐야 한다. 옷가게 언니와 수다를 떨다가 보니 너무 배가 고파서 치킨을 시켜 먹었는데 5) _______________ 먹어치웠다.

들어 봅시다

듣기 전에 해 봅시다

1. 여러분 나라의 졸업 분위기에 대해 이야기해 봅시다.

2. 졸업 축사를 하는 이유는 무엇이며, 졸업 축사에는 어떤 내용이 들어갈 것 같습니까?

3. 다음 단어의 의미를 확인해 봅시다.

학위	불안정하다	착각	봉사
경쟁자	매달리다	연봉	헛되다

듣고 해 봅시다

1. 이 사람의 생각과 일치하는 것은 무엇입니까?

❶ 인생에서 실패는 피할 수 있으면 피해야 한다.

❷ 다른 사람을 도우며 사는 것이 제일 가치가 있다.

❸ 세계 경제 상황이 앞으로 나아질 것으로 예상한다.

❹ 사회는 경쟁이 심하다 해도 따뜻하다고 할 수 있다.

2. 이 졸업 축사에 추가될 내용으로 적당하지 **않은** 것은 무엇입니까?

❶ 어떤 일을 하든지 성실하고 정직하게 일하는 것을 목표로 삼아야 한다.

❷ 미래의 꿈을 위해 하고 싶은 것을 참고 견디면 좋은 결과가 생길 것이다.

❸ 친구간의 우정이나 사랑, 만족 등과 같이 이 세상에는 돈으로 살 수 없는 것이 많다.

❹ 지금 우리가 사는 것은 인생의 선배들 덕분이므로 미래 세대에게 좋은 것을 남겨야 한다.

3. 졸업생에게 당부하는 4가지를 요약해서 써 보십시오.

1) _실패를 두려워하지 마십시오._

2) ____

3) ____

4) ____

들은 후에 해 봅시다

여러분이 졸업한 고등학교 또는 대학교에서 졸업 축사를 한다고 가정하고 졸업생에게 들려줄
축사를 써 봅시다.

읽어 봅시다

읽기 전에 해 봅시다

1. 회사 생활에서 가장 힘든 것이 무엇일 거라고 생각합니까?

2. 한국 회사나 회사원에 대해 들은 것이 있으면 이야기해 봅시다.

3. 다음 단어의 의미를 확인해 봅시다.

바늘구멍	뚫다	퇴사	이직	비율	싸늘하다
눈초리	결근	조퇴	처리하다	파악하다	틈틈이

읽고 이해해 봅시다

직장 생활 잘하는 법

바늘구멍처럼 좁은 문을 뚫고 들어온 신입 사원이 어떻게 하면 직장 생활을 성공적으로 할 수 있을까? 온라인 취업포털 '사람인'의 설문조사 결과에 의하면 직장인들이 퇴사나 이직을 결정한 이유 중 1위가 '대인 갈등' 때문인 것으로 조사되었다고 한다. 직장 내의 모든 사람과 원만하게 지내기란 쉽지 않지만 대인관계가 직장 생활에서 큰 비율을 차지하고 있다. 직장에서 대인관계를 잘하는 방법에 대해 이야기해 보고자 한다.

우선 [1] ________________. 인사를 하는 것은 아주 사소해 보이지만 대인관계에 있어서 가장 중요한 일이다. 인사의 중요성은 몇 번을 강조해도 지나치지 않은 기본 중의 기본이다. 아무리 실력이 뛰어난 직원일지라도 기본이 안 되어 있으면 상사들의 싸늘한 눈초리를 피해갈 수 없을 것이다. 한국 사람들에게 '식사하셨어요?'는 '안녕하세요?'처럼 사용되는 인사이다. 점심시간쯤 '식사하셨어요?'라는 인사를 하면 상대방도 인사말이라는 것을 알지만 친근감을 느낄 것이다.

둘째, [2] ________________. 지각하지 않는 것, 점심시간을 잘 지키는 것, 가능하면 결근이나 조퇴를 하지 않는 것으로 당신의 성실함을 보여줄 수 있다. 이는 직장 생활을 하는 동안 계속 되어야 할 것이지만 적어도 신입 사원일 때는 더욱 신경을 써야 할 부분이다.

셋째, [3] ___________________. 신입 사원은 신입 사원답게 모르면 묻고 배워야 한다. 알지 못하는 것을 마음대로 처리했다가 일이 커질 수 있으므로 묻는 것을 두려워하지 말아야 한다.

넷째, [4] ___________________. 점점 달라지고 있다고는 하지만 1차, 2차, 3차로 이어지는 회식은 일의 연장처럼 여겨진다. '우리'를 중요시하는 한국 사회에서 회식이라는 단체 활동에 참여하지 않는다면 회사 생활이 힘들어질 수 있다. 신입 사원에게 회식은 자신을 드러내고 상사의 성격을 파악할 수 있는 자리가 된다.

위에서 말한 것과 같이 한국의 직장 생활은 대인관계가 제일 중요하다고 볼 수 있다. 그밖에 자기의 능력을 키울 수 있어야 한다. 업무에 관한 공부는 기본으로 하고 틈틈이 자기 계발을 해서 자기가 특히 잘할 수 있는 것을 만들어야 한다. 즉 자기만의 특별한 분야를 만들 필요가 있다. 이 내용을 기억하며 직장 생활을 하면 직장에서 인정받는 신입 사원이 되고도 남을 것이다.

1. 윗글의 내용과 맞지 **않는** 것은 무엇입니까?

❶ 대인관계의 어려움 때문에 직장을 그만두는 사람이 많다.

❷ 잘 모른다고 해서 하나 하나 물어보면 일을 배우기가 어렵다.

❸ 한국 회사 생활에서 회식에 참여하지 않으면 곤란해질 수 있다.

❹ '식사하셨어요?'는 '안녕하세요?'와 마찬가지로 인사할 때 사용할 수 있다.

2. [1]~[4]에 들어갈 문장으로 알맞은 것을 쓰십시오.

[1]	
[2]	
[3]	모르는 것을 아는 척하지 말고 물어봐라.
[4]	

▌읽은 후에 해 봅시다

1. 인간관계를 잘할 수 있는 자기만의 방법을 말해 봅시다.

2. 자기 나라의 회사 문화와 한국의 회사 문화를 비교해 봅시다.

▌어휘를 연습해 봅시다

1. 보기 에서 알맞은 단어를 골라 쓰십시오.

보기	뚫다	싸늘하다	처리하다	틈틈이	파악하다

1) 80대 1의 경쟁을 _______________ 합격의 기쁨을 누렸다.

2) 무엇 때문에 기분이 상했는지 그녀의 목소리가 _______________.

3) 김 부장은 일을 _______________ 능력이 부족하다는 지적을 받는다.

4) 눈치가 없다는 말은 분위기를 _______________ 못한다는 말이다.

5) 그는 바쁜 일정에도 _______________ 운동을 해서 체력을 유지하고 있다.

한국의 기업

기업의 종류

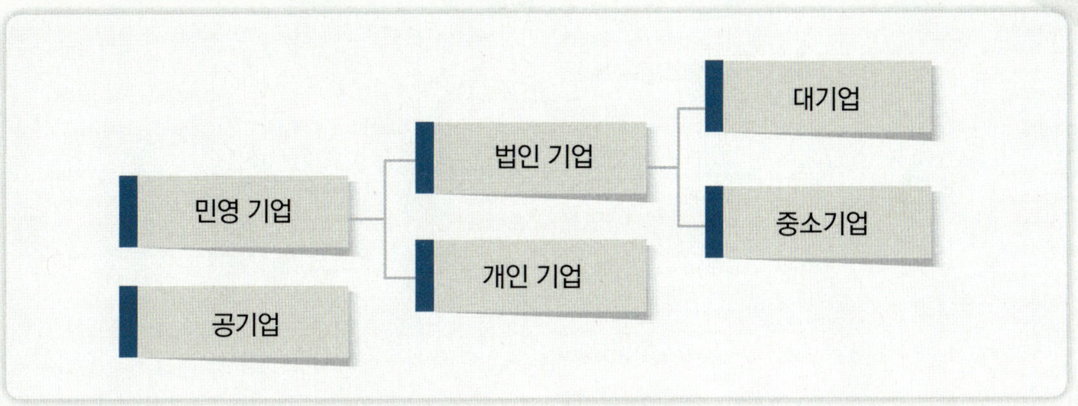

회사의 직급

기업에 따라 직급을 다르게 부르고 있지만 기본적으로 다음과 같은 직급을 사용하고 있다.

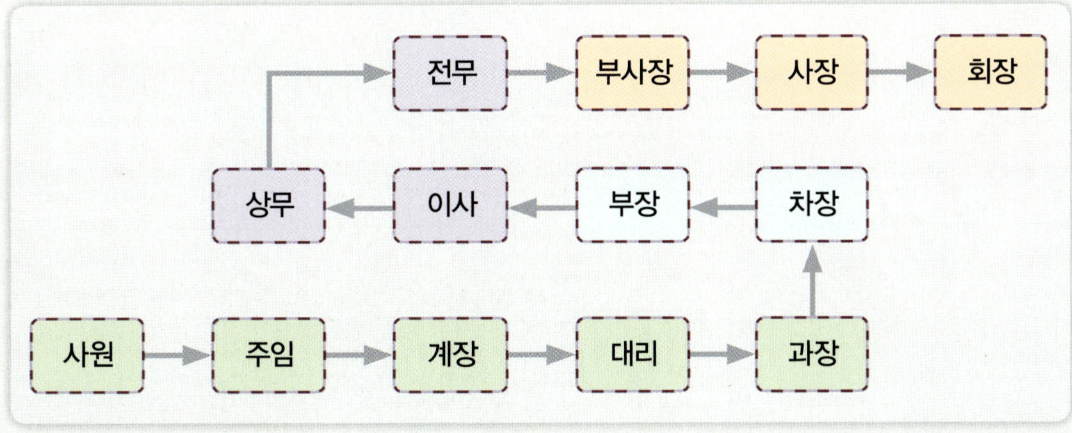

근무연수에 따라 승진하게 되고 개인의 능력에 따라 직급이 조정되는 게 일반적이다. 기업에 따라 직급 순서가 생략되는 기업들이 많다. 이사부터는 임원이 되는데 회사 경영에 실질적인 결정과 판단을 내릴 수 있는 자리이기 때문에 그 만큼의 대우와 능력이 요구되는 자리이다.

회사 내에서 호칭은 '과장님, 부장님'처럼 직급에 '님'을 붙여서 부른다. 같은 직급의 동료에게는 이름에 '씨'를 붙여서 '홍길동 씨', '길동 씨'라고 부른다.

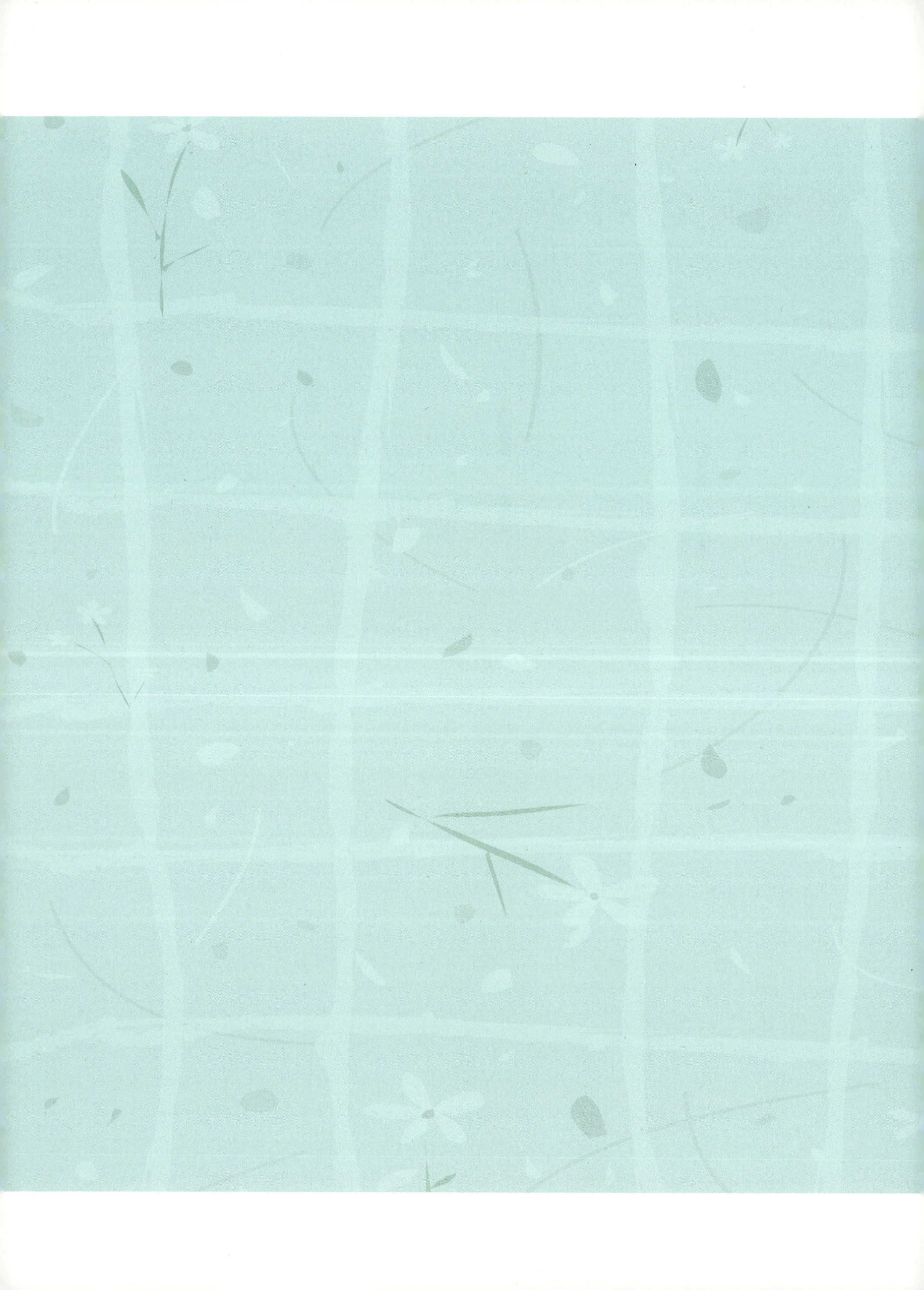

부 록

듣기 지문

모범 답안

듣기 지문

2과

들어봅시다 p. 21 Track 02

상　우: 어서 오세요. 마리오 씨. 집 찾느라 고생하지 않았
　　　어요?

마리오: 아니요. 상우 씨가 그려준 약도 덕분에 쉽게 찾았
　　　어요.
　　　저, 이거 별건 아니지만 오다가 맛있게 보여서 사
　　　왔어요. 받으세요.

상　우: 뭘 이런 걸 다 사 왔어요? 요즘 날씨 때문에 과일
　　　값도 무척 비싸다던데.
　　　잘 먹을게요. 다음부터는 이런 거 신경 쓰지 말고
　　　그냥 오세요.

마리오: 네. 그런데 집에 부모님 계시면 제가 인사부터 먼
　　　저 드려야 되지요?

상　우: 와, 마리오 씨 제법인데요. 어른한테 인사드리는
　　　것도 알고 말이에요.
　　　자, 따라 오세요. 어머니가 부엌에 계시니까 소개
　　　해 드릴게요.

마리오: 안녕하세요. 처음 뵙겠습니다. 마리오라고 합니다.

어머니: 어서 와요. 우리 상우한테서 이야기 많이 들었어
　　　요.
　　　한국어를 아주 잘하네요.

마리오: 아닙니다. 과찬이세요. 아직 한국 사람처럼 말하
　　　려면 멀었습니다.

어머니: 배가 고플 텐데 일단 자리에 앉고, 먹으면서 천천
　　　히 이야기해요.

마리오: 와, 뭘 이렇게 많이 차리셨어요? 상다리가 휘어지
　　　겠어요.
　　　어머님이 준비하시느라 너무 힘드셨겠어요.

어머니: 그래도 우리 아들이 초대한 외국 친구인데 한국음
　　　식을 제대로 먹어 보게 해 줘야지요. 특별히 좋아
　　　하는 한국음식이라도 있어요?

마리오: 아니요. 저는 뭐든지 잘 먹습니다.
　　　매운 음식도 못 먹기는커녕 한국 사람보다 더 좋
　　　아해요. 잘 먹겠습니다.

어머니: 사양하지 말고 마음껏 많이 먹어요.

상　우: 그런데 마리오 씨. 다음 주 토요일에 시간 있어요?
　　　동아리 친구들과 영화 보러 가기로 했는데 괜찮으
　　　면 같이 가요. 오랜만에 만난 김에 저녁도 같이 먹
　　　고요.

마리오: 아, 저도 같이 가고 싶은데 그날은 선약이 있어서요.
　　　아무래도 토요일은 안 될 것 같아요.

상　우: 그럼 할 수 없지요. 다음 달에도 영화 보는 날이

있으니까 그때 같이 가요.

마리오: 네. 그래요. 저도 같이 가고 싶은데 아쉽네요.

어머니: 어떻게 음식이 입맛에 맞았는지 모르겠어요.

마리오: 너무 맛있었어요. 너무 많이 먹어서 숨쉬기도 어
　　　려울 정도예요.

어머니: 맛있게 먹어 주니까 내가 더 고맙네요.
　　　상우야. 식사 끝났으면 거실에 나가서 둘이 천천히
　　　얘기하렴.

상　우: 네. 마리오 씨 거실에 가서 차 마실래요?

마리오: 어머니, 정말 잘 먹었습니다. 오늘 이렇게 초대해
　　　주셔서 감사합니다.

3과

들어봅시다 p. 29 Track 04

상　우: 리사 씨, 이것 좀 보세요. '축제의 나라, 대한민국
　　　으로 당신을 초대합니다!'

리　사: 여행 홍보 포스터네요. 그런데 축제의 나라 대한민
　　　국? 상우 씨. 한국에 다양한 축제들이 많이 있어
　　　요?

상　우: 그럼요. 요즘은 봄, 여름, 가을, 겨울 지역마다 얼마
　　　나 축제들이 다양한데요. 사실 너무 많아서 저도
　　　잘 알지는 못해요.

리　사: 그럼 상우 씨가 알고 있는 축제는 뭐가 있어요?

상　우: 리사 씨도 알다시피 제가 영화광이잖아요. 제가 기
　　　다리는 축제는 부산국제영화제예요. 매년 가을에
　　　부산에서 열리는데 한국 사람뿐만 아니라 외국 사
　　　람들도 아주 많아요.
　　　특히 부산국제영화제는 아시아 영화 중심이라서
　　　보통 극장에서 보기 드문 동남아시아 영화나 중앙
　　　아시아 영화도 볼 수 있어요.

리　사: 아, 그렇군요. 그러고 보니 저도 가 보고 싶은 축제
　　　가 하나 있었어요.

상　우: 뭔데요?

리　사: 예전에 텔레비전에서 봤는데요. 서해안에 있는 보
　　　령이라는 도시에서 여름이 되면 머드 축제가 열린
　　　대요. 사람들이 바닷가에서 온몸에 머드를 바르고
　　　노는 모습이 너무 즐거워 보였어요. 머드로 마사지
　　　도 하고 여러 가지 게임도 하고 진짜 재미있을 거
　　　같지 않아요?

상　우: 그럼 축제 얘기가 나온 김에 봄이나 겨울에는 또
　　　어떤 게 있는지 인터넷으로 한번 알아 볼까요?

리　사: 제가 봄 축제를 검색해 볼 테니까 상우 씨가 겨울
　　　축제를 찾아보세요.

상　우: 아, 여기 겨울 축제가 있어요. 역시 겨울에는 눈 구
　　　경이 최고인가 봐요. 강원도 태백시에서 열리는 태
　　　백산 눈꽃 축제가 유명한데 기차를 타고 가면서

보이는 설경이 아주 환상적이래요.

리 사: 어디 보자. 봄에는 경기도 이천 도자기 축제가 좋을 거 같은데요. 자연 속에서 도자기 만드는 체험도 할 수 있고 아름다운 도자기를 감상할 수도 있어요. 참, 경기도 지역의 특산 음식들도 소개하니까 여러 가지 맛있는 음식도 먹어 볼 수 있을 것 같아요.

상 우: 와, 한국 지역 축제가 이렇게 다양한지 정말 몰랐어요.

리 사: 축제 얘기 하다 보니까 다 재미있을 것 같고, 다 가 보고 싶네요.

5과

들어봅시다 p. 43 Track 06

리 사: 선배님, 안녕하세요? 다음 학기부터 기숙사에 살게 되었어요.

지 영: 정말 잘 됐다. 기숙사에 들어가는 것은 하늘의 별 따기인데 축하해.
　　　　나도 2학년 때까지 2년 동안 계속 신청했는데 안 되더니 이번 학기에 되어서 3개월째 살고 있어.

리 사: 기숙사에서는 처음 살아서 그러는데 여러 가지 규칙이 있다면서요? 좀 알려 주세요.

지 영: 응. 여러 사람이 함께 사는 곳이니까 지켜야 할 것이 좀 많아. 기숙사에는 통금이 있어서 밤 12시까지는 꼭 들어와야 돼.

리 사: 네? 도서관에서 공부하다 보면 12시가 넘을 때도 있잖아요.

지 영: 나도 도서관에서 공부하다가 12시가 넘어서 기숙사에 못 들어간 적이 있었어.

리 사: 12시 이후에는 출입이 아예 안 되는 거예요?

지 영: 응. 아플 때처럼 특별한 경우가 아니면 안 돼. 밤늦은 출입은 보안 문제도 있고 다른 사람에게 방해가 되잖아.

리 사: 그럼, 집에 간다거나 여행을 가서 기숙사에서 안 잘 때는 어떻게 해요?

지 영: 외박을 말하는 거야? 외박을 할 때는 학교 홈페이지나 사무실에서 미리 신청을 하면 돼.

리 사: 그렇구나. 그리고 꼭 알아 두어야 할 다른 규칙이 있어요?

지 영: 기숙사에 살고 있지 않은 사람을 초대할 수가 없어.

리 사: 친구들은 밖에서 만나야겠네요.

지 영: 그렇지. 나도 지난 학기까지는 원룸에 살아서 친구들을 자주 집에 초대했는데 이번 학기에는 그렇게 못 했어.

리 사: 기숙사는 역시 지켜야 할 것이 많네요.

지 영: 그렇지만 이러한 규칙보다도 더 중요한 것은 다른 사람을 배려하는 마음이라고 생각해. 많은 사람이 함께 사는 공동생활에서 자기가 하고 싶은 대로 다하면 안 되겠지.

리 사: 다닐 때 나는 발소리, 이야기 하는 소리 하나도 조심해야겠네요.

지 영: 맞아. 참, 복도에서는 전화를 할 수가 없어. 전화를 할 때는 방에서 하거나 밖에 나가서 하도록 해.

리 사: 알겠어요. 오늘 선배님이 여러 가지를 알려 주셔서 많은 도움이 됐어요. 고마워요.

6과

들어봅시다 p. 51 Track 08

마리오: 오랜만이다. 뭔데 그렇게 무거워 보여?

쑤 안: 마트에서 고향으로 돌아갈 때 가족들에게 줄 선물을 좀 사가지고 왔어.

마리오: 무거운데 배달을 시키지 그랬어?

쑤 안: 그렇게 하고 싶었는데 배달 마감시간이 지나서 그냥 내가 들고 왔어.

마리오: 한국에서는 배달이 다 되니까 정말 좋아. 이게 한국에 살면서 제일 편리한 점인 것 같아.

쑤 안: 맞아. 음식점뿐만 아니라 마트에서도 배달이 되니까 얼마나 좋은지 몰라.

마리오: 한국은 생활에 필요한 여러 가지 편의시설들이 잘 갖추어져 있는 편이야.

쑤 안: 나도 그렇게 생각해. 집주변에 크고 작은 마트들이 많아서 사야할 물건이 있을 때 쉽게 가서 장을 볼 수 있어서 좋아.

마리오: 특히 대형마트는 다양한 품목을 갖추고 있어서 한 곳에서 물건을 다 살 수 있지.

쑤 안: 그런데 대형마트에 가면 필요 없는 걸 사는 경우도 있고 세일을 하면 왠지 싸게 사는 느낌이 들어서 충동구매를 하게 되더라.

마리오: 그건 그래. 그래서 나는 요즘 마트보다 전통시장을 더 자주 이용해.

쑤 안: 학교 앞에 있는 그 시장 말이야?

마리오: 응. 전통시장이 대형마트와는 분위기가 다르지만 물건을 조금씩 팔아서 필요한 만큼만 살 수 있어. 게다가 깎는 재미도 있고.

쑤 안: 배달이 안 되니까 물건을 많이 사면 불편하지 않아?

마리오: 요즘에는 대형마트처럼 배달 서비스를 해 주는 전통시장도 있어. 아직은 시작 단계라서 배달이 가능한 전통시장이 많지 않지만 앞으로는 늘어난대.

쑤 안: 그렇게 되면 시장을 이용하는 사람들이 많아지겠다.

마리오: 그럴 거야. 그리고 전통시장에서는 아주머니들이 알아서 덤으로 한 두 개 더 주는 경우도 많아. 그

러면 싸게 사서 좋고 정도 느낄 수 있어서 기분까
지 좋아져.

쑤 안: 사실 마트나 백화점은 쇼핑할 때 편하기는 한데
정을 느끼기는 어렵지.

마리오: 맞아. 직원들이 더 많이 웃고 친절하게 행동하지
만 오히려 무뚝뚝한 시장 아주머니들한테 더 따
뜻함이 느껴지더라.

쑤 안: 이런 점 때문에 사람들이 전통시장을 이용하나 보
다.

마리오: 너도 기회가 되면 한번 전통시장을 이용해 봐. 한국
의 생생한 시장 모습을 보면 그 매력에 푹 빠질걸.

8과

들어봅시다 **p. 65** **Track 10**

남자 사회자: 안녕하세요? 책을 읽는 세상을 시작하겠습니
다. 오늘 소개해 드릴 책은 한국에 여행을 왔다가
한국의 매력에 빠져 지금까지 살고 있는 버나드 씨
가 쓴 책입니다. 두 분을 더 모시고 함께 이 책에 대
해서 이야기를 나누어 보겠습니다.

여자 패널: 외국인의 입장에서 본 한국의 모습을 아주 솔
직하게 쓰셨더라고요.

남자 패널: 맞습니다. 그래서 한국에 대해서 좋은 점만 썼
던 예전의 책들과는 다르다고 할 수 있겠습니다.

남자 사회자: 그럼, 먼저 저자에 대해서 잠깐 소개를 해 드
리면 좋겠습니다.

여자 패널: 버나드 씨는 캐나다에서 영어를 전공하고 한국
에서는 영어 선생님으로 일하고 있어요.

남자 패널: 고향의 문화와 다른 나라에 와서 이렇게 오랫
동안 한국에 살 거라고는 생각 못했다고 합니다.

여자 패널: 버나드 씨가 한국을 떠나지 못하는 것에는 여
러 가지 이유가 있지만 그 중에서도 한국인의 정
때문이라고 하더라고요.

남자 사회자: 아마 공감하시는 외국 분들이 많으실 것 같습
니다.

여자 패널: 그렇죠. 그런데 그 정이라는 말이 참 설명하기
어려워요. 사랑이라고 말하기에는 뭔가 부족한 느
낌이 있죠.

남자 패널: 맞습니다. 정이라는 말에는 남에 대한 배려 관
심 이런 여러 가지 의미를 포함하고 있어서 그런
것 같습니다.

남자 사회자: 그렇습니다. 이 말을 제대로 이해할 수 있는
외국인이 몇 명이나 될까 싶습니다.

여자 패널: 버나드 씨가 한국 사람들은 정이 많아서 먼저
부탁하지 않아도 도움을 주는 경우도 많고, 문제가
생기면 자기 일처럼 도와준다고 했어요.

남자 패널: 사실 이런 문화에 익숙하지 않은 외국인이라면

기분이 좋지만은 않을 것 같습니다.

여자 패널: 그렇죠. 버나드 씨도 처음에는 그렇게 좋지 않
았다고 하네요.

남자 패널: 재미있는 것은 버나드 씨가 미운 정이라는 말
의 의미도 알고 있다는 것입니다. 같이 일하던 동료
와 자주 티격태격 하면서 싸웠다고 합니다. 그런데
그 친구가 고향으로 돌아가니까 보고 싶어지고 궁
금해졌다고 합니다. 그러면서 아마 미운 정이 들어
서 그런 것 같다고 쓴 부분이 있습니다.

여자 패널: 정말 대단하네요. 한국인 특유의 정서를 이렇
게 잘 이해하다니요. 이 외에도 한국적인 다양한
주제를 다루고 있어서 외국인들이 한국을 이해하
는 데 도움이 될 것 같습니다.

남자 패널: 한국의 객관적인 모습이 궁금한 한국 사람들도
읽어보시면 좋을 것 같습니다.

남자 사회자: 오늘 이렇게 나와 주신 두 분께 감사드리며
책을 읽는 세상을 마치겠습니다.

9과

들어봅시다 **p. 73** **Track 12**

줄리앙: 세계 여러 나라 사람들이 어떻게 인사를 하는지
알아? 오늘 수업 시간에 배웠는데 나라마다 인사
하는 방법이 다양하더라.

지 영: 맞아. 머리를 숙여서 인사를 하거나 악수하거나
볼에 뽀뽀를 하는 것이 많이 알려진 방법이지. 한
국에서는 보통 머리를 숙여서 인사해.

줄리앙: 내 고향 프랑스에서는 공식적인 자리에서는 악수
를 하지만 친한 사이에서는 볼에 뽀뽀를 해.

지 영: 그런데 사람에 따라 볼에 뽀뽀를 하는 횟수가 다
르던데?

줄리앙: 보통은 양쪽 볼에 한 번씩 하는데 친할수록 더 많
이 하지.

지 영: 유럽에 있는 다른 나라들도 볼에 뽀뽀하는 나라
가 많더라. 같은 유럽에서는 사람들의 이동이 쉬
우니까 비슷한 인사 방법을 가지게 된 게 아닐까?

줄리앙: 그럴 수도 있겠다. 그런데 불교의 나라인 태국에서
는 두 손을 기도하는 것처럼 모으고 인사를 한대.
종교도 인사 방법에 영향을 미치는 거지.

지 영: 전에 태국에 여행을 갔을 때 나도 그렇게 인사했
는데 왠지 모르게 어색했어.

줄리앙: 인사 방법이 다르면 익숙하지 않기 때문에 처음에
는 어색할 수는 있지만 자주 보고 따라하게 되면
익숙해지기 마련이야.

지 영: 그건 그래. 옛날에 한국사람들도 악수나 포옹 같
은 인사 방법을 낯설어했지만 요즘은 흔히 사용하
는 인사 방법이 됐거든.

줄리앙: 그리고 재미있는 인사 방법을 가지고 있는 나라들이 있었어. 에스키모인들은 눈으로 웃으면서 '이히히히'하며 웃음소리를 낸대.

지　영: 기분 좋은 인사네. 인사할 때 꼭 웃으면서 하는 것은 아닌데 웃음소리를 내며 인사하면 인사를 받는 사람의 기분까지 좋게 만들어 줄 것 같다.

줄리앙: 그렇지. 그런데 미얀마에서는 팔짱을 낀 상태로 인사를 한다고 해.

지　영: 정말? 한국에서는 팔짱을 끼고 있는 것은 건방지다고 생각하는데.

줄리앙: 미얀마에서 그렇게 인사하는 것은 웃어른이나 상대방의 말을 경청하고 존중한다는 뜻이래.

지　영: 그렇구나. 몰랐어. 인사는 사람과 사람과의 관계를 좋게 만들어 주는 것인데 상대방에 대한 이해가 없으면 오해를 할 수도 있겠다.

줄리앙: 그렇지. 인사하는 방법은 나라마다 다르지만 상대방을 존중하는 마음을 표현하는 것은 같다고 할 수 있지. 각 나라의 문화 차이를 인정하고 존중해 주는 것이 필요해.

11과

들어봅시다 p. 87　Track 14

상　우: 명절증후군이라는 말을 들어 봤어? 어제 뉴스를 봤는데 잘 모르겠더라고.

지　영: 명절증후군은 주부들이 명절 때 받은 스트레스로 두통이나 소화불량과 같은 육체적 증상 또는 우울증과 같은 정신적 증상이 나타나는 것을 말해.

상　우: 대가족이 모두 모이는 한국의 문화를 생각해 보면 주부들이 명절에 받는 스트레스가 큰 것 같아.

지　영: 남자들이 많이 도와준다고 해도 명절 준비는 대부분 주부들 몫이지.

상　우: 명절에는 가족이 한자리에 모여 즐거운 시간을 보내야 제격인데 한국의 명절은 주부들이 감수해야 할 것이 많은 것 같아.

지　영: 그러니 어디 명절이 즐거울 수 있겠어?

상　우: 나도 명절이 다가오면 주부들 못지않게 스트레스를 많이 받아. 오랜만에 만나는 가족들한테서 "취직은 했냐, 언제 결혼할 거냐"라는 말을 자주 들어서 고향에 가기 싫을 때가 있어.

지　영: 예전에는 명절증후군을 겪는 사람들이 대부분 주부였지만 최근에는 취직을 못한 사람이나 미혼자 심지어 남편들까지 범위가 넓어지고 있대.

상　우: 명절이 모든 사람들에게 이렇게 스트레스가 된다니 슬픈 현실이구나.

지　영: 맞아. 피할 수 없으면 즐기라는 말도 있는데 명절을 없앨 것이 아니라면 서로가 즐겁고 기분 좋게 시간을 보내면 좋겠어.

상　우: 가족 모두가 일을 나누어할 수 있도록 윷놀이를 해서 진 팀에게 상차리기, 설거지하기, 장보기, 심부름하기 같은 것을 하게 하면 어떨까?

지　영: 좋은 생각이네. 그럼 주부들의 일 부담을 줄이면서 가족들 모두 명절 준비에 참여하게 되니까 좋겠다.

상　우: 그리고 오랜만에 만나는 가족들을 배려하고, 격려하는 마음을 표현하면 좋겠어.

지　영: 물어보고 싶은 것이 있더라도 취업이나 공부, 결혼에 대한 예민한 주제를 피한다면 명절 스트레스 같은 건 문제없을 것 같아.

상　우: 생각을 조금만 바꾸면 명절증후군은 사라질 수 있겠다.

12과

들어봅시다 p. 95　Track 16

　옛날 옛날에 흥부와 놀부 형제가 살고 있었어요. 형 놀부는 욕심이 많고 심술궂어서 늘 다른 사람들을 괴롭혔어요. 반면에 동생 흥부는 정이 많고 마음씨가 착한 사람이었어요.

　부모님이 돌아가시자 못된 형 놀부는 물려받은 재산을 다 차지하기 위해 흥부네 가족을 추운 겨울에 먹을 것조차 하나도 안 주고 쫓아냈어요. 흥부는 10명이 넘는 식구들과 낡은 집 한 채를 구해서 살았어요. 흥부는 열심히 일했지만 입에 풀칠하기도 힘들었어요. 그러던 어느 날 하도 배가 고파서 형 놀부 집에 먹을 것을 얻으러 갔어요. 그때 마침 밥을 짓고 있던 놀부 아내는 먹을 게 없으니 돌아가라며 밥주걱으로 흥부의 뺨을 때렸어요. 그런데 이게 웬일이에요? 뺨을 맞은 흥부는 화를 내기는커녕 얼굴에 붙어있는 밥풀을 먹으려고 다른 쪽 뺨도 때려 달라는 게 아니겠어요? 놀부 아내는 흥부가 재미 삼아 놀리는 줄 알고 더 화를 냈답니다.

　그러다 며칠 뒤 흥부는 다리가 부러진 제비 한 마리를 발견하고 치료해 주었답니다. 그런데 다음 해 봄, 다시 찾아온 그 제비는 작은 박씨를 물고 왔어요. 흥부는 그 박씨를 심어 정성껏 길렀지요. 얼마 후 박은 커다랗게 자랐고 흥부는 신이 나서 박을 잘랐어요. 그런데 그 안에서 뭐가 나왔는지 알아요? 산처럼 쌓여 있는 많은 돈에다가 반짝반짝 빛나는 보석들이 와르르 쏟아졌어요. 아무튼 흥부는 이제 아주 큰 부자가 됐어요.

　부자가 됐다는 소문을 들은 놀부는 배가 아파서 죽을 것 같았어요. 그래서 놀부는 제비 한 마리를 잡아 일부러 다리를 뚝 부러뜨린 뒤 치료해 주었답니다. 다음 해 다시 찾아온 제비는 놀부에게도 박씨를 가져다 주었어요. 놀부도 박을 정성껏 기른 후 신이 나서 박을 잘랐어요. 이번에도 박 속에서 돈과 보석들이 나왔을까요? 여러분도 한 번 상상해 보세요.

　착한 흥부는 가난했지만 다른 사람들을 도와주어 나중에는 좋은 일이 생긴 반면에 욕심쟁이 놀부는 부자였지만 사람들을 괴롭히기만 했기 때문에 결국은 빈털터리가 되었다는 이야기예요.

14과

들어봅시다 　p. 109　Track 18

아나운서: 안녕하세요? 오늘은 적게 먹고 적게 입는 소박한 삶으로 깨끗한 땅을 만들기 위해 실천하는 사람들의 모임인 '에코 붓다' 회원님과 이야기를 나눠 보도록 하겠습니다. 우선 청취자 여러분께 지금 하고 있는 활동을 소개해 주시기 바랍니다.

회　　원: 안녕하세요. 여러분은 〈빈 그릇 운동〉에 대해 들어 본 적이 있습니까? 빈 그릇 운동은 '나는 음식을 남기지 않겠습니다.'라는 작은 실천으로 환경을 살리고 지구 어딘가에서 먹을 게 없어 고생하고 있는 사람들을 도와주는 '비움과 나눔'의 운동입니다. 2004년 9월에 시작하여 현재 많은 사람들이 동참하고 있습니다.

아나운서: 2004년부터 〈빈 그릇 운동〉이 시작되었군요. 앞으로도 더 많은 사람들이 함께 하면 좋겠습니다. 이 활동을 시작하게 된 가장 큰 이유가 무엇입니까?

회　　원: 한국에서 1년 동안 남긴 음식을 버리는 양은 상상도 못 할 정도로 많다고 합니다. 게다가 그 음식물 쓰레기를 처리하는 데 드는 비용이 해마다 증가하고 있다고 들었습니다. 그래서 〈빈 그릇 운동〉에 많은 사람들이 함께 하면 국가경제에 큰 도움이 될 수 있다는 생각에 시작하게 되었습니다.

아나운서: 아, 그렇군요. 요즘 사람들치고 음식물 쓰레기에 대한 심각성을 모르는 사람은 없을 겁니다. 하지만 실천하는 것이 어렵지요. 활동을 하면서 언제 큰 보람을 느끼십니까?

회　　원: 음식을 버리지 않으려면 먹을 만큼만 적당히 먹게 되니까 개인적으로 비만 등 성인병을 예방할 수 있어서 건강에도 좋다고 생각합니다. 그런데 무엇보다도 버려지는 음식을 아낀 돈으로 어려운 이웃을 직접 도울 수 있다는 것에 큰 보람을 느끼고 있습니다.

아나운서: 네. 말씀 잘 들었습니다. 감사합니다. 오늘은 에코 붓다 회원과 〈빈 그릇 운동〉에 대해 이야기를 나누어 보았습니다. 이렇게 음식을 남기지 않는 작은 실천이 나를 살리고 이웃을 살리고

나라를 살리고 자연을 살릴 수 있습니다. 동참을 원하시는 분은 홈페이지 www.ecobuddha.org를 참고하시기 바랍니다.

15과

들어봅시다 　p. 117　Track 20

지　영: 요즘 날씨가 너무 추운 것 같아.

상　우: 겨울치고 이 정도도 춥지 않은 데가 어디 있겠어?

지　영: 그러게. 겨울이 춥지 않으면 더 큰 문제겠지?

상　우: 맞아. 너 그 얘기 못 들었어? 북극이 춥지 않아서 북극곰들이 살기 힘들다고 하잖아.

지　영: 하긴 예전보다 기온이 높아져서 빙하가 점점 더 빨리 녹는다는 얘기는 나도 들었어. 그런데 그런 현상들이 환경문제와 관련이 있다던데 사실이야?

상　우: 나도 정확하게는 모르지만 자동차 배기가스나 공장에서 나오는 이산화탄소의 양이 증가하기 때문에 기온이 매년 올라간다고 들었어.

지　영: 지금 당장은 우리를 편하게 하는 것들이 나중엔 큰 문제가 될 수도 있겠구나.

상　우: 당연하지. 이미 투발루라는 섬나라는 몇 년 후면 바닷속으로 잠길 만큼 위험하대.

지　영: 그래? 북극곰들만의 문제가 아니구나. 지구온난화로 나라마다 심각한 문제들이 생기고 있다는 말이지?

상　우: 맞아. 지구온난화는 해수면 상승뿐만 아니라 다른 여러 가지 이상기후를 만들기도 해.

지　영: 이상기후? 예를 들면 어떤 거야?

상　우: 지구온난화 때문에 강수량이 많아지고 사막은 더 건조해져. 그래서 홍수라든지 가뭄이라든지 예상할 수 없는 일들이 생기기도 해.

지　영: 그럼 지난여름에 집중호우로 광화문이 침수되었던 것도 이상기후 때문이겠구나.

상　우: 맞아. 그리고 몇십 년 만에 찾아오는 한파도 마찬가지야. 그래서 겨울에 좀 춥더라도 환경을 위해 옷을 따뜻하게 입고 난방을 적당히 해야 해.

지　영: 일리는 있지만 개인적으로 노력한다고 해서 문제가 제대로 해결되겠어? 정부에서 적극적으로 도와줘야지.

상　우: 정부의 적극적인 대책도 필요하지만 개인의 의식이 더 중요하다고 생각해. 한 사람의 작은 행동이 모이면 결국은 국민 전체가 환경을 지키게 되는 거잖아.

지　영: 그렇구나. 오늘부터 내가 할 수 있는 일이 뭐가 있는지 찾아볼게.

상　우: 말 나온 김에 버스 대신 걸어가는 건 어때?

들어봅시다 p.131 Track 22

상 우: 쑤언 씨. 여유가 있을 때 주로 뭘 하는 편이에요?

쑤 언: 예전에는 여유가 있으면 집에서 잠을 자거나 텔레비전을 보는 게 전부였는데 요즘은 취미로 기타를 배우고 있어요.

상 우: 집에서 쉬는 것도 좋지만 뭔가 자기 발전을 위해서 새로운 것을 재미있게 배우는 것도 좋지요.

쑤 언: 기타를 배우니까 기분 전환도 되고 노래를 연주할 수 있어서 좋아요. 무엇보다도 개인수업이라 선생님이 꼼꼼하게 가르쳐 주세요. 상우 씨는 취미가 뭐예요?

상 우: 축구예요. 이래봬도 고등학교 때까지 축구부 선수 생활도 했는걸요. 그런데 개인 사정으로 그만뒀어요.

쑤 언: 축구 실력이 대단하겠어요. 비록 축구선수가 아니라 해도 취미로 하는 것도 좋은 것 같아요. 그런데 축구를 하려면 여럿이 해야 하는데 자주 할 수 있어요?

상 우: 축구 동호회에 가입해서 사람들과 규칙적으로 하니까 더 효과적이에요. 쑤언 씨도 기타를 혼자 배우지 말고 동호회에 가입해서 사람들과 같이 해 보세요.

쑤 언: 안 그래도 주변 사람들이 취미는 함께 해야 즐겁게 오래 할 수 있다고 하더라고요.

상 우: 저도 혼자 그림을 배운 적이 있었는데 뜻대로 그림이 안 그려져서 스트레스만 받다가 결국은 그만뒀어요. 저는 혼자 취미 생활을 한다면 또 포기할 게 뻔해요.

쑤 언: 스트레스를 풀려고 시작한 취미가 오히려 스트레스를 쌓이게 했군요.

상 우: 뭔가를 배울 때 다음 단계로 올라가기 위해서는 고통의 시간이 있기 마련이에요. 그런데 함께 하는 사람이 있다면 서로에게 위로가 되고 선의의 경쟁도 하고 즐겁게 오래 할 수 있다는 말이지요.

쑤 언: 듣고 보니 일리가 있네요. 지금까지 저한테 취미가 없었던 이유는 시간이 없거나 비용의 문제가 아니었어요. 혼자 하다가 힘들면 그만뒀기 때문인 것 같아요. 동호회에서 여럿이 함께 할 생각을 못했네요.

상 우: 직장인 대상으로 한 설문조사에 의하면 직장인 관심사 1위는 연봉 또는 월급이고 2위는 동호회나 취미라고 하더라고요.

쑤 언: 그만큼 취미와 동호회가 삶의 활력을 주는 것 같아요.

상 우: 그렇지요.

들어봅시다 p.139 Track 24

남자 DJ: 안녕하세요? '신나는 오후' 가족 여러분! 취미로 돈을 버는 사람들에 대해서 들어본 적이 있으세요? 특별한 취미로 돈을 벌고 있다면 주저하지 말고 '신나는 오후'로 전화를 걸어 주세요. 선물도 받고 '신나는 오후' 가족들과 좋은 정보도 공유할 수 있을 거예요.

남자 DJ: 여보세요? '신나는 오후'와 전화 연결되었습니다. 어디에 사는 누구인지 소개해 주세요.

이사도라: 안녕하세요? 이문동에 사는 '이사도라'입니다. 본명은 아니고요. 제가 여기저기 돌아다니면서 물건을 사니까 친구들이 '24시간 돌아다닌다.'는 뜻으로 붙여 준 별명이에요.

남자 DJ: 네. 반갑습니다. 이문동 이사도라님, 재미있는 별명이네요. 그럼 어떤 취미로 돈을 벌고 있는지 이야기해 주시겠어요?

이사도라: 제가 기분 전환도 하고 색다른 물건도 구입할 겸해서 홍대 예술시장에 갔었는데 생각보다 재미있더라고요. 그래서 지금은 예술시장을 찾아 돌아다니고 있어요.

남자 DJ: 그렇군요. 이사도라님 눈이 높은 것 같아요. 예술시장은 예술을 사랑하는 사람들이 독특한 것들을 만들어 파는 곳이잖아요.

이사도라: 그런가요? 예술시장에서 찾은 물건들은 일상생활에서 사용할 수 있기 때문에 작품이면서 생활용품이기도 해요. 이것이 큰 매력이에요. 바쁜 일상 속에서 벗어나 발품을 팔며 돌아다니다가 마음에 드는 것을 발견하면 얼마나 기쁜지 몰라요.

남자 DJ: 그때부터 모은 물건들이 참 많겠어요. 발품을 팔아가며 직접 고른 것이라 더 애착이 갈 것 같네요.

이사도라: 네. 그래서 제 블로그에 하나씩 올렸는데 구매를 하겠다는 사람들이 생겼어요.

남자 DJ: 그래서 그 물건들을 판매하게 되었군요.

이사도라: 네. 이제는 단골손님도 생겨서 한 달 수입이 꽤 좋아요.

남자 DJ: 애착이 가는 그 물건들을 그렇게 다 팔아도 괜찮아요?

이사도라: 제 취미는 수집이 아니니까 괜찮아요. 돌아다니면서 마음에 드는 물건을 발견하고 그 물건의 주인을 찾을 때까지 그 시간을 즐기는 거니까요.

남자 DJ: 멋지군요. 돌아다니는 취미도 살리고 돈도 벌고 일석이조네요. 앞으로도 '신나는 오후' 많이 들어 주시기 바랍니다. 감사합니다.

들어봅시다 p. 153 Track 26

대학 생활을 시작했던 때가 엊그제 같은데 벌써 졸업이 코앞으로 다가왔네요. 제가 대학 생활을 하면서 깨달은 것들에 대해 후배님들에게 도움이 될까 해서 몇 글자 써 봅니다. 제가 새내기 때 선배들의 조언을 한 귀로 듣고 한 귀로 흘렸는데 참 후회가 됩니다. 잘 귀담아들었더라면 좋았을 걸 그랬어요.

제 경험을 통해 깨달은 세 가지를 말씀 드리겠습니다. 첫째, 대인관계를 위해 노력하세요. 고등학생 때에는 공부하느라 사람들을 통 만나지 못했을 것입니다. 자기가 좋아하는 취미나 관심 분야의 동아리에 가입해 보세요. 동아리에서 만난 선배나 후배가 평생 여러분의 친구가 되어줄 겁니다. 또한 수업을 들으면서 학과 교수님들과 좋은 관계를 유지한다면야 더 바랄 게 없겠지요. 교수님들께서는 여러분 인생의 나침반이 되어 주실 겁니다. 또한 앞으로 4년 동안 함께 할 동기들과 친해지는 노력도 필요하다는 것을 잊지 마십시오.

둘째, 학점관리를 잘 하세요. 수업 시간에 빠지지 말고 열심히 들으면 시험 때 벼락치기를 하지 않아도 됩니다. 1학년 때부터 학점을 잘 따 놓아야 3, 4학년 때 고생하지 않습니다. 대학은 고등학교와 달리 여유로워 보이지만 과제, 발표, 시험 등이 만만치 않습니다. 조금 더 열심히 한다면 장학금도 탈 수 있겠지요. 학교에서 주는 것 외에 국가, 기업, 단체 등에서 주는 장학금도 많이 있습니다.

셋째, 경험을 많이 쌓으세요. 갑자기 생긴 많은 자유로운 시간에 무엇을 할지 고민일 것입니다. 여행, 아르바이트, 봉사활동, 이 세 가지를 말씀드리고 싶습니다. 방학이 되면 배낭 하나 메고 세계 여행을 떠난다든지 전국 일주를 해 본다든지 그렇게 해 보세요. 세상은 여간 넓지 않습니다. 또한 아르바이트는 학비나 생활비를 벌기 위한 목적뿐만 아니라 사회생활을 경험할 수 있는 좋은 기회입니다. 관심이 있는 회사에서 인턴으로 근무를 해 보는 것도 좋습니다. 요즘 사회는 대학 졸업자들에게 봉사활동을 요구합니다. 취직을 위한 조건을 갖추기 위해서가 아니라 적극적인 마음으로 봉사활동에 참여한다면 학교 안에서 배울 수 없는 것을 경험할 수 있습니다.

신입생 여러분, 두 번 다시 오지 않을 젊음을 잘 활용하세요. 좋은 기회가 많이 있는데도 그 기회를 잡지 못하는 사람이 꽤 많습니다. 대학에서 무엇을 얻어갈 것인지 고민도 해 보시고 앞으로 인생을 어떻게 살 것인지도 깊이 생각해 보세요. 성공적인 대학 생활이 되길 바랍니다.

들어봅시다 p. 161 Track 28

대학직원: 무슨 일로 오셨나요?

페   이: 저, 외대에 입학하고 싶은데요. 입학정보를 어떻게 찾아야 할지 통 모르겠더라고요.

대학직원: 외국인과 재외 국민은 입학시험 전형이 다른데 혹시 부모님 중에 한국 분은 안 계신가요?

페   이: 네. 모두 중국 사람이세요.

대학직원: 모두 외국국적이시란 말씀이시죠? 중국에서 모든 교육과정을 이수하셨지요?

페   이: 모든 교육과정을 이수했냐니, 그게 무슨 뜻인지 모르겠어요.

대학직원: 초·중·고등학교 전 과정을 마치고 졸업했냐는 말입니다.

페   이: 네. 물론이에요.

대학직원: 원서 접수가 이달 말일까지라 서두르셔야 하는데요. 입학원서는 방문이나 우편접수는 안 되고 인터넷 접수로만 실시하고 있어요. 우리 대학교 입학 안내 홈페이지에서 신청서를 다운받으시고 작성하시면 돼요.

페   이: 모든 서류를 인터넷으로 보내야 해요?

대학직원: 아니요. 입학원서만 인터넷 접수하시고 나머지는 방문이나 우편으로 제출하시면 돼요.

페   이: 제출해야 되는 서류에는 뭐가 있어요?

대학직원: 입학원서, 초·중·고 졸업증명서와 성적 증명서 등 여러 가지가 필요한데요. 이 표를 보시고 빠짐없이 잘 준비하세요. 자세히 쓰여 있는데도 불구하고 한두 가지 서류를 빼 놓고 제출하시는 분들이 종종 있습니다.

페   이: 와, 이렇게나 복잡한지 미처 몰랐어요. 또 주의해야 할 사항이 있나요?

대학직원: 모든 서류는 원본으로 내셔야 하고 제출한 서류는 반환하지 않습니다. 서류 심사 후에 면접이 있으니까 면접 준비도 해 놓으시는 게 좋아요. 면접은 한국어로 진행되고 지원 동기나 학업계획 같은 질문을 받으실 거예요.

페   이: 한국어 실력은 어느 정도여야 돼요?

대학직원: 기본적으로 토픽 3급 이상은 가지고 있어야 합니다.

페   이: 네. 한 가지만 더 여쭤 볼게요. 모집인원은 몇 명이에요?

대학직원: 딱 몇 명이라는 인원 제한은 없지만 몇몇 학과는 외국인 학생을 선발하지 않아요. 자세한 건 아까 제가 드린 자료를 참고하세요.

페   이: 도움이 많이 됐어요. 정말 감사합니다.

들어봅시다 p.175 Track 30

마리오: 어제 인터넷기사에서 봤는데 어떤 여자가 걸어가면서 스마트폰을 보다가 큰 사고가 났대.

리 사: 말도 마. 운전자가 스마트폰을 보다가 사고를 내는 경우도 얼마나 허다한데…. 스마트폰이 편리하긴 하지만 심각한 사회문제를 일으키는 것 같아. 정말 문제다. 문제야.

마리오: 그렇다고 안 쓸 수는 없잖아. 스마트폰 없는 생활은 상상도 할 수 없지. 난 오늘 아침에 스마트폰을 놓고 오는 바람에 다시 집에 돌아갔다 왔어.

리 사: 너 혹시 스마트폰 중독 아니니?

마리오: 에이, 중독은 무슨…. 남들이 사용하는 정도로 하는 거지. 스마트폰은 생활필수품이라고.

리 사: 너 화장실에 갈 때 스마트폰 가지고 가지? 아무 소리가 안 나는데도 자꾸 확인하고? 지금도 스마트폰을 손에서 놓지 않고 있네.

마리오: 그게 뭐가 문제라고 그래? 스마트폰 사용은 개인적인 부분인데 큰 문제가 될 게 없잖아.

리 사: 스마트폰을 사용하느라 앞에 있는 사람한테 집중도 못하잖아. 대인관계에 어려움도 생기고 더 심해질 경우 우울증, 대인공포증 등이 생긴다는 연구 결과도 있어. 너 가족들과 대화는 많이 하니?

마리오: 너 지금 나를 스마트폰 중독자로 보는 거야?

리 사: 그게 아니고 스마트폰 중독이 사회적인 문제라는 거야. 너도 물론 주의할 필요가 있어. 어린아이부터 성인에 이르기까지 스마트폰 중독으로 문제가 많더라.

마리오: 어린아이도?

리 사: 아이들이 울 때 엄마들이 아이를 달래는 수단으로 스마트폰을 주는데 그 방법이 편하고 효과가 좋지만 아이들에게 독이 된다는 거야. 청소년들은 말할 것도 없고 직장인들, 가정주부들까지 스마트폰 중독에서 자유롭지 않다고 하더라고.

마리오: 너는 계속 부정적인 이야기만 하는데 스마트폰에 긍정적인 측면이 얼마나 많은지 알아? 바쁘고 외로운 현대 사회에서 소통의 수단으로 스마트폰만한 것이 없어. 시간이나 공간의 제약도 없고 말이야. 새로운 정보를 빠르게 접할 수 있을 뿐만 아니라 시민들이 직접 정치에 참여하고 의견을 내 놓을 수 있는 통로도 될 수 있다고.

리 사: 네 말대로 스마트폰에 좋은 점이 많이 있는 건 맞아. 그런데 사람들이 스마트폰 중독에 빠지지 않도록 좋은 방법들을 찾아야 한다고 생각해.

들어봅시다 p.183 Track 32

쑤 안: 왜 그렇게 바빠 보여? 내가 뭐 도와줄까?

줄리앙: 아니. 이제 거의 다 끝났어. 반품할 게 있는데 택배를 보내야 해서 그래.

쑤 안: 이게 뭐길래 이렇게 무겁니? 크기도 엄청나게 큰데.

줄리앙: 홈쇼핑에서 운동 기구를 하나 샀는데 영 마음에 안 들어. 1주일 만에 배에 근육을 만들어 준다길래 샀는데 근육은커녕 허리만 아프더라고. 무겁기는 또 얼마나 무거운지. 그냥 반품하는 게 나을 듯 싶어.

쑤 안: 1주일 만에 근육이 생긴다는 말을 믿은 거야? 너 정말 순진하구나.

줄리앙: 멋진 모델들이 나와서 광고를 하는데 나도 1주일만 하면 그렇게 될 것 같더라고.

쑤 안: 사실 나도 너한테 뭐라고 할 입장은 아니야. 홈쇼핑 광고를 보자마자 큰돈을 주고 화장품세트를 마련했는데 진짜 실망했어.

줄리앙: 제품이 어떻길래 그래?

쑤 안: 광고에서는 화장품 크기도 더 커 보이고 고급스러워 보였는데 실제로 보니까 별로였어. 써 보니까 예전에 내가 쓰던 것만 못한 것 같고…. 난 이미 1/30이나 써버려서 반품도 못 하고, 완전히 속은 듯싶다. 그나마 사은품을 많이 받아서 다행이었지. 이런 일이 한두 번도 아니고 도대체 몇 번째인지 몰라.

줄리앙: 요즘 너 나 할 것 없이 홈쇼핑으로 편하게 물건을 사는 모양인데 과장광고가 진짜 많은 것 같아. 그런 과장광고 때문에 충동구매도 하게 되고 말이야. 소비자의 관심을 끌기 위해서 광고에 어느 정도 과장이 들어가기 마련이지만 그게 지나쳐서 문제야.

쑤 안: 아! 네 말을 듣다가 갑자기 생각났다. 어제 학교 앞을 지나가다가 가게에 붙어 있는 햄버거 사진을 봤는데 진짜 크고 먹음직스러워 보이는 거야. 얼른 들어가서 그 햄버거랑 똑같은 걸로 주문했는데 세상에….

줄리앙: 세상에, 뭐? 어땠길래 그래?

쑤 언: 그건 너의 상상에 맡기겠어. 아무튼 그 가게에 다시는 안 갈 거야.

줄리앙: 과장광고에 많이 화가 났구나. 과장광고가 없어지긴 힘들지 않겠니? 소비자가 광고를 보고 무턱대고 살 게 아니라 먼저 잘 판단해서 물건을 구입해야 할 것 같아.

쑤 안: 소비자가 그걸 어떻게 알 수 있겠어? 소비자 보호법을 강화시키고 과장광고에 대한 강한 법적 규제가 필요하다고 봐.

들어봅시다 p. 197 Track 34

상 우: 내일 제일회사 면접 본다면서? 준비는 다 했니?

지 영: 내일 면접시험이긴 한데 준비를 어떻게 해야 할지 모르겠어. 면접 방법이 좀 특이하거든.

상 우: 아니, 어떤 면접이길래 그래? 네가 면접 한두 번 본 것도 아니잖아.

지 영: 혹시 술자리 면접이라는 거 들어봤어? 술집에서 술을 마시면서 면접시험을 치르는 거래.

상 우: 아, 요즘은 다양한 방식으로 면접시험을 본다더니 그 회사도 그렇구나.

지 영: 난 술을 좋아하지도 않고 술도 약한데 큰일이야. 거의 못 마시는 거나 다름없다고.

상 우: 술자리 면접은 구직자가 술을 얼마나 마시는지 알아보려는 것이 아니래. 술자리에서의 행동을 살펴보고 사회성이나 태도, 뭐, 분위기를 이끄는 능력을 평가하는 거지.

지 영: 그렇구나. 네 말이 아니었으면 내 주량은 생각도 안 하고 진짜 많이 마실 뻔했어.

상 우: 너 형기라는 내 친구 알지? 걔가 얼마 전에 면접을 봤는데 등산을 하면서 평가를 하는 거였대. 형기가 체력이 좋거든. 남들보다 먼저 산에 올라가서 이번 면접은 합격이라고 생각했대. 그런데 팀워크 평가가 안 좋아서 떨어졌다지 뭐야.

지 영: 등산 면접이 체력을 테스트하는 게 아니라는 거야?

상 우: 인성이나 리더십, 협동심을 보려고 하는 면접 방식인 것 같아.

지 영: 요즘 기업들이 왜 새로운 방식으로 면접을 보려는 걸까? 기존에 하던 대로 하면 좋으련만….

상 우: 이런 면접들은 학력이라든지 자격증이라든지 스펙만으로 사람을 뽑지 않겠다는 의도 같아.

지 영: 하긴 틀에 박힌 면접시험으로 사람을 뽑기가 쉽지 않을 거야. 스펙은 말할 것도 없고 면접관에게 잘 보이기 위해 면접 준비를 얼마나 열심히 하겠어?

상 우: 맞아. 지원자들이 다 비슷해 보일 거 같아. 너 '취원구'라는 사이트에 들어가 본 적 있어?

지 영: '취원구'라니? 사람 이름이야?

상 우: '취직을 원하는 구직자'라는 사이트인데 거기에 올라온 글을 보니까 진짜 특이한 면접이 많더라. 사우나 면접, 축구 면접, 토론 면접, 요리 면접, 노래방 면접…. 아이고, 다 말할 수도 없다. 업무에 필요한 능력을 갖춘 사람을 뽑기 위해 회사들도 노력하고 있는 거지. 야, 아무튼 내일 면접 잘 봐라.

지 영: '취원구'에서 면접 팁 좀 얻어야겠다. 고마워.

들어봅시다 p. 205 Track 36

어려운 과정을 마치고 학위를 받는 여러 졸업생들에게 진심으로 축하의 말씀을 드립니다. 부족한 점이 많은 저에게 졸업 축사라는 기회를 허락해 주신 것에 감사합니다. 오늘 저는 제가 살아오면서 경험하고 느낀 몇 가지를 여러분들과 나누고자 합니다.

졸업생 여러분, 여러분은 이제 대학을 떠나 더 넓은 세상을 향해 나아가게 됩니다. 더 넓은 세상을 우리는 '사회'라고 부릅니다. 여러분도 느끼시는 것처럼 사회가 그리 따뜻한 곳은 아닙니다. 그곳에서 여러분 모두가 성공할 수는 없습니다.

첫째, 실패를 두려워하지 마십시오. 실패는 인생을 다른 방향으로 안내해 줄 것입니다. 아무리 열심히 노력한다 해도 실패를 할 수 있지만 실패를 통해 더 나은 사람으로 성장하시길 바랍니다.

둘째, 현실을 탓하지 마십시오. 최근 불안정한 세계 경제 상황 등이 여러분들의 미래를 어둡게 만들고 있다는 것을 잘 알고 있습니다. 그러나 세계 경제상황은 과거에도 현재에도 늘 불안정했으며 앞으로도 계속 그럴 것입니다. 핑계를 찾으려 하지 말고 성실하게 생활하세요.

셋째, 자기가 정말 하고 싶은 것이 무엇인지 찾아야 합니다. 사람들이 생각하는 대로 살지 마십시오. 해야 할 일이 무엇인지 아는 사람은 많지만 하고 싶은 일이 무엇인지 알고 있는 사람은 적습니다. 꿈은 언제든 바뀔 수 있습니다. 꿈을 위해 현재의 것을 놓치면 나중에 후회할 수 있습니다. 인생에는 끝이 있다는 것을 누구나 알고 있지만 자기의 인생은 끝나지 않을 거라는 착각 속에 살고 있습니다. 자기에게 주어진 시간을 의미 있게 보내시기 바랍니다.

넷째, 다른 사람을 위해 봉사하는 삶보다 더 가치 있는 것은 없다고 생각합니다. 서로를 경쟁자로 생각하지 않았으면 합니다. 또 자기가 가지고 있는 것을 다른 사람과 비교하지 마십시오. 카드 값을 갚는 데 매달리거나 좀 더 높은 연봉의 일자리를 찾는 데서 벗어나 인생의 의미를 찾는 삶을 사시길 바랍니다. 여러분의 노력은 세상을 더 나은 곳으로 변화시키고도 남을 겁니다. 세상의 고통을 못 본 체하지 마십시오. 여러분이 받은 교육을 다른 사람을 위해 사용한다면 그 지식은 헛되지 않을 것입니다.

모범 답안

듣고 해 봅시다

2과

1.

순서	표 현	사용할 때
1)	이거 별건 아니지만 오다가 맛있게 보여서 사 왔어요.	초대한 사람에게 선물을 줄 때
2)	다음부터는 이런 거 신경 쓰지 말고 그냥 오세요.	초대한 사람한테 선물을 받을 때
3)	뭘 이렇게 많이 차리셨어요? 상다리가 휘어지겠어요.	초대한 사람이 음식을 많이 준비했을 때
4)	사양하지 말고 마음껏 많이 먹어요.	초대한 사람한테 음식을 권할 때
5)	그날은 선약이 있어요.	제안을 거절할 때
6)	오늘 이렇게 초대해 주셔서 감사합니다.	집으로 돌아갈 때

2. ③

읽고 이해해 봅시다

1. 1) O   2) X   3) X   4) X
2. 이 사람의 어머니가 수건을 드리면서 동네 분들께 인사를 드리라고 했기 때문이다.

어휘를 연습해 봅시다

1. 1) 단호한   2) 설득해서   3) 무뚝뚝한   4) 훈훈하게
   5) 돌렸다

듣고 해 봅시다

1. 1) 도자기 축제   2) 서해안 / 보령   3) 부산국제영화제
   4) 눈꽃축제
2. ④
3. ④

읽고 이해해 봅시다

1. ④
2. 1) 요구에 맞출 수 있다.
   2) 비용을 줄일 수 있다.
   3) 하객의 참석률이 높다

어휘를 연습해 봅시다

1. 1) 맞춰 2) 망쳤다 3) 뜨고 있다
   4) 공식적인 5) 요구했다

듣고 해 봅시다

1. ①
2. ②

3. 다른 사람을 배려하는 마음

읽고 이해해 봅시다

1. ④
2. 1) 접근성 2) 다양한 할인행사 3) 간편식, 특히 도시락의 인기 4) 다양한 기능

어휘를 연습해 봅시다

1. 1) 떠올렸다   2) 위주로   3) 장점을 살려서   4) 노령
   5) 문구가

듣고 해 봅시다

1. 배달   2. ③   3. ④

읽고 이해해 봅시다

1. 인터넷이나 스마트폰을 이용해서 집안에 있는 모든 가전제품들을 자유자재로 조절할 수 있는 주택
2. ①

어휘를 연습해 봅시다

1. 1) 점검하고 2) 파악해야 3) 조절하고
   4) 예방하려면/예방하기 위해서 5) 쾌적하다

듣고 해 봅시다

1. 한국인의 정
2. ①
3. ②

읽고 이해해 봅시다

1. 1) O 2) X 3) X 4) O
2. 1) 사람과의 관계 2) 문화

어휘를 연습해 봅시다

1. 1) 거리를 두어야 2) 침범해서 3) 친밀하게
   4) 관계를 맺 5) 확보하기

듣고 해 봅시다

1. 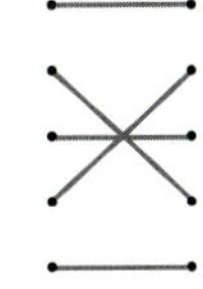

2. ④ 3. ④

읽고 이해해 봅시다

1. ④

2. 감정표현

어휘를 연습해 봅시다

1. 1) 구체적으로 2) 적응하고 3) 기꺼이 4) 헷갈려서
   5) 심지어

11과

듣고 해 봅시다

1. 1. 두통과 소화불량 2. 우울증
2. ③
3. 1. 보내야 제격인데 2. 주부들 못지않게

읽고 이해해 봅시다

1. ④
2. 1) 새로운 마음으로 새해를 시작하는 것
   2) 한 해 동안 농사가 잘 되게 해 주신 조상님과 하늘에
      감사하는 것
   3) 더위를 이겨낼 수 있게 가족의 건강을 바라는 것
   4) 어린아이가 깨끗하게 자라기를 바라는 것

어휘를 연습해 봅시다

1. 1) 상징하는 2) 심심찮게 3) 엿볼 4) 쫓아내야
   5) 띠고 있어서/띠어(서)

12과

듣고 해 봅시다

1. ②
2. 1) 반짝반짝 2) 와르르
3. 1) 겨우겨우 먹고 사는 정도이다.
   2) 흥부에게 좋은 일이 생겨 심술이 나다.

읽고 이해해 봅시다

1. 1) X 2) O 3) O 4) O
2. 상업화가 될 수 있기 때문에

어휘를 연습해 봅시다

1. 1) 확정된 2) 형성하는 3) 공감대가 4) 월동준비를
   5) 전승한

14과

듣고 해 봅시다

1. 1) 나는 음식을 남기지 않겠습니다. 2) 환경
   3) 비움과 나눔
2. ③
3. ①

읽고 이해해 봅시다

1. ②
2. ④

어휘를 연습해 봅시다

1. 1) 취지로 2) 성과는 3) 혜택이
   4) 생활권으로 5) 후원으로

15과

듣고 해 봅시다

1. ④
2. 자동차 배기가스나 공장에서 나오는 이산화탄소의 양이
   증가하기 때문에
3. ②

읽고 이해해 봅시다

1. 1) O 2) X 3) O 4) O
2. ①

어휘를 연습해 봅시다

1. 1) 가공한 2) 거래하는 3) 재배된 4) 기울여 5) 소비해

17과

듣고 해 봅시다

1. ①
2. 1) 기타 2) 축구
3. ③

읽고 이해해 봅시다

1. ④
2. 1) 어린 시절에 대한 추억
   2) 친구 같은 아빠가 되고 싶은 심리

어휘를 연습해 봅시다

1. 1) 추세 2) 취향에 3) 열광하는
   4) 관람객이 5) 철없는

18과

듣고 해 봅시다

1. ②
2. 발품을 팔며 예술시장에서 물건을 골라 사는 것
3. ③

읽고 이해해 봅시다

1. ③
2. ③

어휘를 연습해 봅시다

1. 1) 적합한 2) 공존하는 3) 밀집되어 4) 밀어내고
   5) 사로잡고

듣고 해 봅시다

1. ④
2. ②
3. 1) 남의 말을 주의 깊게 듣지 않고 마음에 두지 않는다.
   2) 남의 말을 주의하여 잘 듣는다.

읽고 이해해 봅시다

1. 1) O 2) X 3) X 4) X
2. 취업을 하기 위한 조건을 통틀어 이르는 말이다.

어휘를 연습해 봅시다

1. 1) 실시했다 2) 꼽았다 3) 차지했 4) 뒤를 이었다
   5) 압도적 6) 답했다 7) 분석된다

21과

듣고 해 봅시다

1. ①
2. 1) 인터넷으로 접수 2) 방문 또는 우편으로 제출

읽고 이해해 봅시다

1. ③
2. 1) 집주인이 전세에서 월세로 바꾼다.
   2) 신혼부부들이 전세가 싼 대학가로 이사 온다.

어휘를 연습해 봅시다

1. 1) 가득한 2) 설레서 3) 감수해야 4) 한정되어 5) 몰렸다

23과

듣고 해 봅시다

1. ③
2. ④
3. 1) 소통의 수단 2) 제약 3) 참여하고

읽고 이해해 봅시다

1. 1) O 2) O 3) X 4) X
2. 1) 시대에 따라 변화하는 방송
   2) 개인방송의 특징과 매력
   3) 개인방송의 인기와 위험성
   4) 문제해결을 위한 방법

어휘를 연습해 봅시다

1. 1) 염두에 두지 2) 참신한 3) 선두에
   4) 주관이 5) 제작해서

24과

듣고 해 봅시다

1. ④
2. 1) 소비자가 잘 판단해서 물건을 구입해야 한다
   2) 소비자 보호법과 법적 규제를 강화한다
3. 1) 쓰던 것만 못한 것 같고
   2) 속은 듯싶다
   3) 그나마 사은품을

읽고 이해해 봅시다

1. ②
2. [1] 자극적인 내용이나 관계없는 기사들이 줄 것이다
   [2] 과한 노출이 없어질 것이다
   [3] 방송시간대가 바뀔 것이다
   [4] 방송 자막의 오류가 없어지고 영어 사용 대신 한국
       말을 쓸 것이다

어휘를 연습해 봅시다

1. 1) 대체할 2) 치열해 3) 반영한다 4) 보도하 5) 과감하게

26과

듣고 해 봅시다

1. ②
2. ④
3. 학력이라든지 자격증이라든지 스펙만으로 사람을 뽑지
   않겠다는 의도

읽고 이해해 봅시다

1. 1) X 2) O 3) X 4) X
2. ②

어휘를 연습해 봅시다

1. 1) 추구하기 2) 존재하는 3) 평판 4) 유망한 5) 주목받고

27과

듣고 해 봅시다

1. ②
2. ②
3. 2) 현실을 탓하지 마십시오
   3) 정말 하고 싶은 것이 무엇인지 찾으십시오
   4) 봉사하는 삶을 사십시오

읽고 이해해 봅시다

1. ②
2. [1] 인사를 잘 해라 [2] 시간을 잘 지켜라 [4] 회식에 참여
   해라

어휘를 연습해 봅시다

1. 1) 뚫고 2) 싸늘하다 3) 처리하는 4) 파악하지 5) 틈틈이

집필진

김은정 한국외국어대학교 한국어문화교육원 전임강사
　　　　한국외국어대학교 국어학 박사 수료

송현아 한국외국어대학교 한국어문화교육원 강사
　　　　한국외국어대학교 외국어로서의 한국어교육 석사

박수정 한국외국어대학교 한국어문화교육원 강사
　　　　한국외국어대학교 외국어로서의 한국어교육 박사 수료

강영주 전 한국외국어대학교 한국어문화교육원 강사
　　　　한국외국어대학교 외국어로서의 한국어교육 박사 수료

외국인을 위한 한국어 4

초판 1쇄 발행 2016년 3월 7일
4쇄 발행 2025년 9월 12일

지은이 한국외국어대학교 한국어문화교육원
펴낸이 박영호
기획팀 송인성, 김선명, 김선호
편집팀 박우진, 김영주, 김정아, 최미라, 전혜련, 박미나
관리팀 임선희, 정철호, 김성언, 권주련
펴낸곳 (주)도서출판 하우

주소 서울시 중랑구 망우로68길 48
전화 (02)922-7090
팩스 (02)922-7092
홈페이지 http://www.hawoo.co.kr
e-mail hawoo@hawoo.co.kr
등록번호 제2016-000017호

값 20,000원
ISBN 979-11-86610-51-0 18710
ISBN 979-11-86610-45-9 (set)